Genel Yayın: 604

ATTİLÂ İLHAN BİLİM, SANAT VE KÜLTÜR VAKFI

Başarı yalnız yetenek değil, disiplin, özveri, bağımsız ve ödünsüz bir kişilik, içten bir yurt ve insan sevgisi gerektirir. Ancak o zaman, gerçek ve hak edilmiş bir başarı olur. Attilâ İlhan tüm yaşamı ve eserleri ile bu başarıya iyi bir örnektir.

Attilâ İlhan'ın bu değerlerinin ve bunları temsil eden eserlerinin gelecek kuşaklara aktarılabilmesi için, onun ismiyle anılacak bir vakıf kurulmuştur.

Bu vakıf, bilim, sanat ve kültür alanında ülkemiz genç kuşaklarının çalışmalarına destek sağlayacak; bu değerler ışığında bir düşünce ve bilgi üretim, bir yardım merkezi olmayı amaç edinmiştir.

Attilâ İlhan genç yaşlarında, henüz bir lise öğrencisi iken, kendisi için kişisel bir hedef belirlemiş ve son gününe kadar ideallerine ulaşmak için özverili ve disiplinli bir yaşam sürdürmüştür. Geride bıraktığı eserlerin, kendisi gibi yaşam idealleri doğrultusunda yürüyen gençlere destek olması, İlhan Ailesi üyeleri için en büyük mutluluk olacaktır.

Cengiz İlhan ve Çolpan (İlhan) Alışık

Attilâ İlhan Bilim Sanat Kültür Vakfı
Adres   : Sıraselviler Cad. No: 25 K: 3
           34437 Taksim-İstanbul
Tel/Faks : (0212) 243 95 25 (3 Hat)
E-posta : bilgi@aibskv.org
Web   : www.tilahan.net

TÜRK EDEBİYATI

ATTİLÂ İLHAN
TUTUKLUNUN GÜNLÜĞÜ

© TÜRKİYE İŞ BANKASI KÜLTÜR YAYINLARI, 2002
Sertifika No: 11213

GÖRSEL YÖNETMEN
BİROL BAYRAM

GRAFİK TASARIM UYGULAMA
TÜRKİYE İŞ BANKASI KÜLTÜR YAYINLARI

I.-VII. BASKI BİLGİ YAYINEVİ 1973

TÜRKİYE İŞ BANKASI KÜLTÜR YAYINLARI'NDA
I. BASKI EKİM 2002, İSTANBUL (8. BASKI)
IV. BASKI MAYIS 2010, İSTANBUL (11. BASKI)

ISBN 978-975-458-363-2

BASKI
ŞEFİK MATBAASI SAN. VE TİC. LTD. ŞTİ.
TURGUT ÖZAL CAD. NO: 137
İKİTELLİ İSTANBUL
(0212) 549 62 62
Sertifika No: 0307-34-008250

TÜRKİYE İŞ BANKASI KÜLTÜR YAYINLARI
İSTİKLAL CADDESİ, NO: 144/4 BEYOĞLU 34430 İSTANBUL
Tel. (0212) 252 39 91
Fax. (0212) 252 39 95
www.iskultur.com.tr

Şiir

tutuklunun günlüğü
Attilâ İlhan

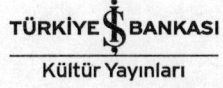

İçindekiler

teleks
7, cuma 13
tele-foto 1 21
16, pazartesi 23
tele-foto 2 29
flaş 1 31
tele-foto 3 35
flaş 2 36
tele-foto 4 38

bulut günleridir
eskiden 43
kızların gözleri 45
deniz kasidesi 48
imgelem kuşları 51
emekçiye gazel 52
grev oylaması 53
bulut günleridir 54
içlenme 55
allende allende 57

zincirleme rubailer
1. düşünceli sevda çiçekleri 61
2. bitirmek elbette zor 62
3. çıktım uzay kapılarından 63
4. gece kıvrak 64
5. köpeklerle doldurmak 65
6. iş ağaçta değil 66
7. karanlık pıhtılaşır 67
8. bırakılan taş düşer 68
9. şalteri indirirler 69

10. camlarda kış buğusu ... 70
11. ney kûdüm ve nekkâre ... 71
12. doldurur kanlı üzüm salkımları ... 72
13. eski begonyalar da ... 73
14. ıslıklarla gelen ... 74
15. önce deniz ... 75
16. kum saatlerinden sızan ... 76
17. sonbahar sarsıntılarla gelir ... 77
18. yalnız ve sessizce ... 78

incesaz
ferâhfezâ ... 81
nihâvent ... 82
mahûr ... 83
muhayyer ... 84
sabâ ... 85
sultan-ı yegâh ... 86

tutuklunun günlüğü
40 karanlığı ... 89
tutukluyu uyutmamak
  1. ilk gece ... 91
  2. ikinci gün ... 92
  3. üçüncü gece ... 93
  4. ve sonrası ... 94
tutuklunun günlüğü
  /salı gecesi/ ... 96
  /sabaha karşı/ ... 98
  /çarşamba/ ... 99
  /cuma, gece yarısı/ ... 100
  /pazar sabahı/ ... 101
  /salı gecesi/ ... 102
  /perşembe, sabaha karşı/ ... 104
tutanak 1 ... 106
tutanak 2 ... 107
tutanak 3 ... 108
tutanak 4 ... 109

ağırceza kasidesi
   gizli duruşma 110
   hayal kurmak 111
   duruşmaya devam 112
   duruşma arası 114
   gereği düşünüldü 115

meraklısı için notlar 117

meraklısı için ekler 147

"bir âh ile bu âlemi viran ederim ben..."

nef'î

teleks

7, cuma

1.

ben sizi hangi cezaevinden tanıyorum yoksa
                    yanılıyor muyum
gözlerinizi buzlu çiviler gibi taşıyordunuz yüzünüzde
uzun tırnaklarınız vardı sivri ve beyaz sanki
                              alüminyum
sanki japon kaşları çizmiştiniz özellikle yüzünüzde
buddy jenson telefonlarınıza nedense karşılık
                              vermiyordu
cascavlak dağıtmış camları sokaktan atılan kurşun
alnında ölüm gülümsüyor o yuvarlak pespembe ağzıyla

2.

saygon 7 (ap) sabah saat üç güney doğu asya saatıyla
akşam yerine şehrin sokaklarını viet-kong basıyor
dün gece yüzbaşı jenson'ı odasında öldürdüler

londra'da times daha basılmamış haber son baskıya girer

3.

cebinde le monde bir pipo doldurmak şöyle gönül
rahatıyla
tanınmamış bir gökyüzü kahvesinde eski
montparnasse'da
çekip dört yanına birdenbire sımsıkı buğulu camları
gözlerin nasıl da yorgun karanlıkta okumaktan hasta
sevdiğin kızdan ayrılmışsın beklediğin haber gelmiyor
düşünmek geceyarılarına kadar değeri üstünde eylemin
nasıl yüzeyde kalır ne yaparsan derinliklere iner

4.

moskova 7 (tass) kremlin'de yaz modelleri gösteriliyor
etekler bu yaz diz kapağından beş parmak yukarda olacak

otuz yıldır her gece bir başkasını kurşuna dizer
tabanca sıkarak ensesine eski bolşeviklerin
salı zinovyef çarşamba radek perşembe bukharin
otuz yıldır her gece aynı mahkemede hüküm giyer
bir adam cellat uykularına zincirli/kimbilir kim
demirden bir kürsüde gülümser eski hükümlüler
bir iplik tutar gibi arasında ön dişlerinin
salı zinovyef çarşamba radek perşembe bukharin

bir de gözlük vardır sürgünde bir gözlük meksika'da
troçkiy mi ne sonradan çekiçle kırılacak

5.

*bir güvercin ağıdır atılır kubbelerden salkım saçak
ah ne kadar eskimiş müslümanları kur'an-ı kerim'in
dolu yankılanmalarla uzanır batıdan doğuya minareler
istanbul'da işçi partisi bir kere daha basılır*

6.

detroit 7 (afp) bir zenci kafasıyla girdi boy aynalarına
alnında kesik bir damar kıpkızıl özgürlük akıyor
taksiler patlamış bütün benziniyle yaz karanlığına
kırk ikinci cadde'de alevlerin hoyrat havlaması
kırdılar uyumak camlarını tozlu balyozlarıyla
yumrukları yüreklerini doğruluyordu ağırdılar
bir şafak çıkarıp ceplerinden uzak horozlarıyla
bilenmiş gözbebeklerine aydınlığı çağırdılar
işbaşı çalarken fabrika kapısında hazırdılar

ayazın demir tarağı kıvırcık saçlarını tarıyordu

7.

parfüm terleyerek gizli kadınlar koyultsun yalnızlığını
bir su içilsin bir silah atılsın saat üç buçuk
ne sierra maestra'dan sırf sakal bir tanıdığın var
ne mitralyöz başındasın guadalajara'da savaşıyorsun
hâlâ kulaklarında çınlar gamalı haçlar bir şamar
metro boşluklarında kirpikleri yaldızlı bir çocuk
afişler yalıyor dudaklarını ekmek ve şarap afişleri
unutmuş bin dokuz yüz kırk beşte okul kitaplarını
şimşek mi ellemiş yıldırım mı tutmuş pırıl pırıl dişleri
köşe başlarına ispanyolca bir elektrik tükürüyor

8.

yeni delhi 7 (upi) ne yana dönsen açlık kapıları acı siyah
madras'ta muz ağaçları yılan ıslıklarıyla büyüyor
yukarda bir ay petrol yeşili bir sonrasızlık bulmuş
uzayın ıssız türküsünü ölümsüzlüklere götürüyor

tele-foto 1
(prag/viyana/londra/istanbul)

bir yahudi amcasından
eski bir roman
voltava suyu mu vitezslav nezval
/burası hür prag radyosu
sokaklarda çarpışılıyor
kar/

komşusu gizlice kafka okurmuş
üstüne yokmuş doğrusu
skoda fabrikalarında çalışıyor
ikinci lig'de kaleci durmuş
sapsarı bıyık ve sakal
tamam

sonra olga diye bir kızcağız
katedralin orda rus bayrağını yakan
pilsen olursa bira içiyor
bir hayli kiyef'de bulunmuş
ne anası var ne babası
dünyada yalnız

jean hüss'ün önünden tanklar geçiyor.

lacivert üzerine bütün fırçası
ladislas'ın resimlerine serptiği yıldız
belki varsa smetana'da var
cehennem kaçkını bir kuş
gelmiş göğsüne oturmuş
köpek gibi rusçası
kıvılcım saçıyor

olga'nın yaşadığı tavan arası
daha ağustos'ta sonbahar
camları usulca buz tutmuş
ne zaman dışarı baksan kar

bir komünist kendini asıyor

16, pazartesi

1.

bağlama limanı new-york adı lieutenant caroll
soğuk bir tanker kırk beş bin tonilatoluk
american export lines şirketi'nin yükü ham petrol
yol kesti kılavuz bekliyor saat üç buçuk
meteo'yu geceyarısı aldılar aralıklı kar ve sis
deniz kaba dalgalı olacak rüzgâr yıldız poyraz
kesik ıslıklarla rotterdam'a uzanıyor telsiz
hafif sancak'a yatmış gemi su yapmış biraz

petrolü bataafsche petroleum maatschappij getirtiyor
pernis ve botlek pet-kim fabrikalarında işlenecek
getirildiği ülkelere yeniden satılabilmek için

doklarda gemi adamları gecenin uğultusunu kesiyor
ceplerinde rom şişeleri bıyıklarında kardan kelebekler
anılarında bir güney limanı unutulmaz ölünceye dek
uzun mavi bacaklı fahişeler midye içi gözlüdür de
her akşam meme uçlarını hani eflatuna boyarlar
sabah vardiyası liman teslim alır ağarır gölgeler
maçunalar çelik kaslarını parıldatarak çalışır
henüz kesinlikle doğrulanmayan bazı haberlere göre
rotterdam limanı'nda ağır bir kış başlamıştır

2.

rotterdam 16 (upi) hollanda polisi sabaha kadar
cinayet suçundan elena van decker'i aramıştır
sekreteri anna kloos'u öldürdüğü sanılıyor

bir adı petrol kraliçesi bayan van decker (49)
bataafsche petroleum maatschappij'in önemli ortağı
çok yanlış çatılmış bir kadın/kadın bile değil
at yarışlarında oynar çok erkekten korkusuz
ne zaman aynaya baksa sakalsızlığına üzülür
en buğulu tutkuların en öfkeli tutsağı
kumrallığında vermeer'den kınalı yansımalar
yönetim kurulu'nda ceketli ve kravatlı görünür
kirpikleri kısa gözleri kısık yaldızlı yeşil
sesi derin ve boğuk bir mağaradan yankılar

bir türlü cinayet masası açıklama yapmıyor
anna kloos yatağında bıçaklanarak öldürülmüştür
kan gülümser apış arasındaki anlaşılmaz yara
sevdalı dalgınlığı ölüme değmiş dudaklarının
yakınları su gibiydi saydam bir kızdı diyorlar
moda geçitlerinde filan mankenlik etmiş bir ara
bel 50 kalçalar 84 göğüs çevresi 98

(yazı işleri müdürlerine not/rotterdam olayının
bir telefotosu servise konulmuştur/geçeceğiz)

tele-foto 2
(rotterdam/londra/istanbul)

boy pencerelerinde utrecht kadifesi perdeler
dumanlı bir yağmur kalın camlarda kırılıyor
şöminenin yanında gururlu bir harp başını eğer
ihtiyar van decker galiba salzburg'dan getirmiş
yiddiş bir çalgıcıdan diyor geçen yüzyıldan kalma
gece mavisi koltuklar 15. louis stili ama
köşedeki gülağacı komodin çin işi sanılıyor

akşam yemeklerinden sonra havana purosu içer
bayan van decker sherry kadehini avcunda ısıtarak
dizinde anna kloos'un technicolor güzelliği
boynu hafifçe tüylü sutyensiz göğüsleri çıplak
amsterdam radyosu'ndan klavsen/barok müziği
kalabalık bir aydınlık soylu beyaz avizeden

flaş 1

3.

rotterdam cinayeti haberine ek/kaatil yakalandı

rotterdam 16 (upi) sekreteri anna kloos'u öldürerek
sabah karanlığına dağılan milyarder bayan van decker
gözleri örümcek ağı kan damağında cinayet tadı
lancia spor arabasıyla belçika sınırını geçerken
sınır polisi tarafından 14.30'da yakalanmıştır
şimdilik hiçbir şeyi yokmuş hiç kimseye söyleyecek
hayatta olan birisiymiş gibi söz ediyor sekreterinden
belki noel'de isviçre alpleri'ne kayağa gideceklermiş

elena van decker'in serveti üç milyar hesaplanmıştır
standard oil of new jersey'le de ilişkileri var
ya ortak iş yapıyorlar ya bazı hisseleri eline geçmiş
wall street journal'ı tutkuyla izlemesi bu yüzden

4.

new-york kıymetler borsası'nda kapanış fiyatları
    socony mobil oil   110 virgül 05
    national cash register   90 virgül 18
    singer sewing machines   18 virgül 75
    international harvester   210 virgül 08
    minnesota mining and manifacturing 721 virgül 92

5.

*emekli general o'connor'ın gençliğinden hazırladıkları
yağmurlu irlandalılar buster keaton bazı şiir kitapları
longfellow'dan içinde duran sekiz on mısra
eteğine takıldığı o ilk kadın on beşinci cadde'deki
vilma banky'ye mi benzerdi diye düşünür hâlâ arasıra
öyle tehlikeli gözler öyle duru bir güzellik lekesiz
mulberry sokağı'nda sarmısak kokan italyan lokantaları
sicilya esmeri garson kızlar ki pizza bir ravioli iki
gitar çalan da bulunur üstüne çok düşerseniz*

6.

new-york 16 (upi) amerikan dokuma endüstrisinde kriz
kartel yetkilileri waldorf astoria'da toplanıyorlar
japon dumping'ine beyaz saraydan tedbir istenecek
stoklar birikmiş/iç pazarda bile mal satılamıyor

massachussets textile company (kuruluşu 1848)
tam kapasite üretimi kumaş bir ebemkuşağı demek
her yıl sentetik ipekten yeni bir samanyolu
cam ipliğiyle yağmuru neredeyse o işleyecek
ne var ki şu durgunluğu üzerinden atamıyor
general o'connor emekli olalı şirketin sorumlusu
kulakları işitmez okinava'da yaralandığından
cebinde kanatsız bir kuş satış bilançosu
acı kesinlemelerle genel ekonomi raporu'ndan

/...65'den sonra tut tutabilirsen fiyatları
bazı sanayi sektörlerinde gerilim baş gösteriyor
gemi azıya almış gider enflasyonun atları
ödemeler dengesi sürekli açık veriyor/

tele-foto 3
(new-york/londra/istanbul)

kırmızı bir ışık sızar jelatini bol gözlerinden
yangın kızıllığına boğarak baktığı her yeri
farkı yoktur cam parıltılı siyah bir sürahiden
pricilla joe/harlem fahişelerinin en beteri
aygır dişleri yassı ve küt/köpek dişleri sivri
öpmeyi ısırmak sanır oldum olası sahiden

general ne zaman new-york'a gelecek olsa
birkaç gecesi mutlaka miss pricilla'nın
teypte dionne warwick bardakta viski ve soda
fosforlu çakıntısı batıcı tırnaklarının
yarı farkına varmak şiddetle okşandığının
sonra öldürülmeye yakın lezzetli bir kuytuda

flaş 2

7.

beyaz saray açıkladı/dolar dalgalanmaya bırakılıyor

washington 16 (upi) beyaz saray basın sözcüsü
dolar'ın altınla değişirliğinin kaldırıldığını
doğruladı/koruyucu tedbirlere gidilecek yavaş yavaş
dış endüstri ürünlerinden %10 vergi alınıyor

borsalarda panik/dolar üzerinde işlemler durdu

8.

6 numaralı kriz haberine ek/o'connor ölü bulundu

doktorlar kuşkusuz kalp yetersizliği diyecek

tele-foto 4
(viyana/londra/madrit/hamburg/berlin/istanbul)

emperyal sokak lambaları eski viyana'nın
mavi nilüferlerdir yüzer içinde akşamın
belki sovyet ajanı sarımtırak bir kadın
'hürriyet seçer' yangın çatırtılarıyla

ingiliz pullarında bisikletli kızlar
londra'nın buz yeşiline yazılırlar
zenciler zenci diye sokakta kalırlar
ellerinden tutan bir beyaz olmaz

madrit bir röntgen filmi karanlığıdır
sosyalist iskeletlerin elleri hâlâ bağlıdır
yaşlı falanjistleri artık dışarda bırakır
endüstri krallarını takdis eder rahipler

yaldızlı çoraplarda muz gibi uzun bacakları
iki yaprak kar bırakır öptüğü yerde dudakları
gemilerde yatar hamburg'ta liman kaltakları
çalkantısından oteller göçer trafik durur

diş geçirmiş büyük yarısına küçük yarısı
wagner'in yazmayı unuttuğu son operası
yüksek voltajlı gerilim berlin ve yaşantısı
şimşeklerini öğütmekten solukları tutuşmuş

killi bir yağmurla asılmış gibidir gökyüzüne
benzer uzaktan tozlu bir bulut ölüsüne
eğmiş başını istanbul kelepçelerinin üstüne
sansaryan han'ında parmak izi veriyor

bulut günleridir

eskiden

eskiden çamlar vardı/şimdi ne oldular
gece gündüz gökyüzünü değiştiren
uğultularıyla gönlümüzü zenginleştiren
dalgın ağaçlardı gururlu ve kibar

eskiden puhu kuşları gizemli bahçelerde
vahim yanılmaların ürpertici çığlıkları
birden yoğunlaştırırdı yalnızlıkları
ay boğulurken/bulutlardan bir perde

eskiden hanımelleri yağmurlu balkonların
uykulara bıraktığı rüyalarla beraber
uzak çağrışımlarla o çocuk şarkı söyler
pancurların ardında/sesi hafifçe kırgın

eskiden sofalarda yazın öğle sonları
sisli liman resimleri olarak görünürdü
çocuktum/ıslıklarım ne kadar hürdü
içimde özlemlerin boğuk gramofonları

kızların gözleri

bir karıştıran var kızların gözlerini
yıldız alacasından leylak moruna
bazılarına sırmalı bir ateş üfleniyor
içisıra kor yongası kıvılcımlar
bir karıştıran var kızların gözlerini
dumanlı bir eylül akşamı loşluğuna
bazısında şimşek çakıntıları işleniyor
uzaklarına düşen sessiz yıldırımlar

bazıları okyanus diplerinin sonsuzluğudur
köpekbalıkları geçer hışımla karanlığından
fosforlu yansımalar bırakıp arkasında
bazıları koyu bir yalnızlıkla doludur
eğilip kim bulacak olsa boğulur
saplanacak bir karın boşluğu aranan
çıplak süngüler parıldar bazısında

bazıları sarhoş bir erkekten çalınmıştır
salyangoz gibi kirletir dolaştığı yeri
bazılarına bakamazsın gözlerini alır
balık pullarının ışıltısından
belli belirsiz titreşimlerle
kibrit mavileri yansır sedef pembeleri

bazıları ağır kirpiklerle donatılmıştır
içine gün vurmuş bal kavanozu
yosunlu demir kapılardır ki bazıları
insanların suratına kapatılmıştır
bazıları şarkıların en umutsuzu
dibinde eski harflerle ölüm yazıları

göz deyince ben en büyük şeyler anlarım
yanardağlar açık denizlerde deprem dalgalanması
yarı gece camlarında mermilerin imzası
darağaçlarına irkilmeden bakabilmek
ellerin kelepçeli götürülürken

deniz kasidesi

açıklarda göz gözü görmez fırtınadan anlar gelir
körfeze kocaman ve soğuk pelikanlar gelir
buzlu bir hüzünle yüklü yorgun ve üzüntülü

kasırga sarsar katedralleri uzaktan çanlar gelir
her biri bir rüzgâra uzanmış ezanlar gelir
görünmez bir nabızdır atar telsizler büyülü

ermiş deniz fenerlerinden aydınlık dumanlar gelir
eski bir şarkıda gemileriyle kaybolanlar gelir
siyah yelkenleri rüya tozlarıyla örtülü

sanki deli bir su patlar çoğul yatağanlar gelir
var mı yok mu anlaşılmaz yağlı korsanlar gelir
kırbaçları kan içinde dev bıyıkları gürültülü

döner sis anaforları bir imdat çınlar gelir
ıslıkların kemendiyle çekilip boğulanlar gelir
boyunları kırılmış son derece ölü

canlanır liman meyhanelerinde anlatılanlar gelir
inanılmaz ejderhalar kanatlı yılanlar gelir
ihanet gibi kılçıklı kabahat gibi tüylü

bir çatışma parıldar ki batı'da kanlar gelir
mor uğultulardan oyulmuş erguvanlar gelir
vahşi yapraklarında tuz böceklerinin tülü

çözülür şimşeklerin demeti tel tel yananlar gelir
tepeden tırnağa elektrik yeşil papağanlar gelir
billurdan gagalarında çapraz bir rüzgâr gülü

günler dağılır altüst olmuş zamanlar gelir
başka başka takvimlerden başka insanlar gelir
ölümlerini tekrar tekrar yaşamaya gönüllü

imgelem kuşları

uykumun camlarına çarpar/kırmızı ve en korkunçları
parıldar balık pullarından gagalarının uçları

yalnızlıkları vahşi/ve kalın mihrace gözlüdürler
bir tutam kıvılcımdır mıknatıslı sorguçları

uzar dal boyunları tüylü dalgınlıklara/sanırsın ki
eflatun nargilelerin al kadifeden marpuçları

bir kanat açmasınlar/bulutlar renk değiştirir
çetrefil ayaklarında şimşeğin çatal pabuçları

dehşet yeşili öterler/ufuklar daralır yankısından
çığlık çığlık delinir zalimin kanlı avuçları

imgelem kuşlarıdır ki tutulmaz toz olur dağılırlar
özgürlükte varolmaktır/en bağışlanmaz suçları

emekçiye gazel

bir şehir çıktı açınca çalışkan yumruğunu
motorlar sevmiş öykünür nabzının uğultusunu

asmışlar ampul diye gözlerini yoksulluklara
çarşı çarşı satarlar bin yıllık uykusuzluğunu

tutsan pancarı şeker süzülür parmak uçlarından
görürsün söktüğün kömürün gökte duman savrulduğunu

demirdir giydiğin içtiğin petrol yediğin zehir
taşırsın sırtında bıçak gibi ölüm korkusunu

mibzerler yıldız karanlığında sesinle öksürür
yüzlerce lokomotif üretir çığlıklarıyla soluğunu

hohladıkça yalazını göğsündeki yüksek fırınların
çatlatırsın bir gün medet/gök kubbenin fanusunu

grev oylaması

yıldız alacasında çoktular çok basıyorlardı yere
saklı gülüşmeleriyle utangaç birer çocuktular
omuzları dalga dalgaydı sığmıyordu hiçbir yere
ağır çekiyorlardı yumruklarıyla korkunçtular

durmuştu duracaktı transmisyon kayışları fabrikanın
dinamolar şafakta son ampullerini çatlatıyordu
şalteri indirecekti birazdan son işçisi son vardiyanın
dışardaki kalabalık sessiz ve kararlı dayatıyordu

bin başlı on bin ayaklı sanki bir devdiler
grev oylamasında bir ağızdan grev dediler

bulut günleridir

bulut günleridir/akar uykular dumanlı sular gibi
kuytu göllerde salınır rüyalar kuğular gibi

kırık aynalarda balkısa da gün kızıllığı/kanma
bastırır tamtamlarıyla karanlık yamyam korkular gibi

vampirler okşar yalnızlığını ipek baykuşlar büyür
uğuldar damarlarının ağacı ıssız korular gibi

karanlığın ufunetinden öyle bozulmuştur ki yıldızlar
iliklerine geçer titreşimleri fosforlu ağular gibi

üreyip bir devin gırtlağında zalim gümbürtülerle
bin yıllık sorular gelir ateşten burgular gibi

ölümdür bekleriz hükmü dünya bir duruşmadır sürer
ellerimizde yüreklerimiz vurulmuş kumrular gibi

içlenme

gemilerle uyandım/dışarda şafağın borazanları
dağlar patlamış sularda pelte pelte birikir kanları

bıçaklı çığlıklar gelir kumaşı yağlı gecelerden
başka bir ömürde yaşanmışlardır/mayası kederden

bir kubbe boşluğunda yankılanır ayak seslerim
soluk soluğa kaçan benim/belki kovalayan benim

gizli bir ürpermedir solgun ağaçlarıyla eylül
dağılır rüzgârıyla içimde geliştirdiğim soğuk gül

ölüler bastırır çoğu genç/karartıp olanca sonbaharı
insan özlemle hatırlar gerçekleştiremediği intiharları

yeniden başlamak mı aynı yanılgılara düşmek için
alaca karanlığında korkunun ve çirkinliğin

bulutlar saplantıların yanlış bir ısrarla belirişidir
rüzgâr yorgun balinaların mahzun göğüs geçirişidir

parça parça ölümlerdir ki akşamla çoğalırlar
yumuşak telaşlarıyla anlaşılmaz yarasalar

gözlerinde biriken pus/ağzındaki bakır çalığı
usulca haber verir kaçınılmaz olasılığı

eylemi anlamından çözer hiçe indirger tutkusunu
ölerek ölümü yenmek/umutların en umutsuzu

allende allende

ölüm birden boşalmasıdır insanın kendisinden
gizli titreşimler uçar belki boşlukta sesinden

güneş vurunca parıldar görünmez ayak izleri ki
beyhude korularda eski bir yaz gezmesinden

solgun bir gülümseme hani ay büyürken görünür
aynalarda bırakılmış nice yüz birikintisinden

artık hiç olmasa da sonbahar penceresinde o
camların buğulanması her akşam nefesinden

kimsesiz bahçelerde besbelli yalnız dolaştığı
rüzgârsız akşamüstleri yaprakların ürpermesinden

duyulur ardında bıraktığı hayallerin gürültüsü
sinsi bir deprem gibi camları titretmesinden

masasına gelip gittiği açıkça anlaşılır
daktilosu çalışmasa da şeridinin eskimesinden

durduğu yerde patlaması mürekkep hokkalarının
ömrünce biriktirdiği sosyalist öfkesinden

ne kadar yok etse ölüm vuruşu göklerde yankılanan
kocaman bir yürek kalır şili'nin allende'sinden

zincirleme rubailer

~

uğultulu loşluklarından şimşekli çatlamalar gelir
yaz yağmuru sanırsın birkaç sonbahar gelir
öyle gezegenler savrulur ki imgeleminde
uzay avcunda küçülür evren sana dar gelir

1.

düşünceli sevda çiçekleri hangi uzak ölülerin
dudaklarıyla uzattıkları
    buğulu camlar gibi serin
ölümlü insanın ölümsüzlüğü derinliğinde yatan
hayyâm'dan nâzım hikmet'e
    yazılmış bütün rubailerin

2.

bitirmek elbette zor bir şarkıyı başlamaktan
gönüllerde akşam olur mum biter sulanır kan
simsiyah yokluk bulutları çöktü mü salkım salkım
gelecek kuşaklara yansımasıyla avunur insan

3.

çıktım uzay kapılarından o gece evrene baktım
her yıldız başlıbaşına bir sonsuzluktu
ben ufacıktım
kımıldadıkça nasreddin-i tûsî'nin mezarlıklarında
sisli tülbentleriyle serviler
doydum ölüme
    yeniden dünyaya acıktım

4.

gece kıvrak poyraza karşı kıvılcımlı çingeneler
ocak sönmüş
   yine dönmüş eski yalnızlıklarına son güvercinler
bütün antenlerde telaş telaş alarm ıslıkları
ateşlendi ateşlenecek
   gizli rampalarında güdümlü füzeler

5.

köpeklerle doldurmak
 karanlıkta sallanan başıboş havlamaları
dünyalı kılmak geceyi
 yerli yerine koyup çalışanları
tren çığlıklarının parıldadığını görünce şafakta
bir başka sonsuzluk diye düşünüp
 insanlık katarı

6.

iş ağaçta değil onu böyle büyüten toprakta
bilmek önemli gerçi asıl iş anlamakta
kudüs'te çanlar çalar
    mekke'de ezanlar büyürse de
gerçeklerin en yalnızı
    en katlanılmazı ve en kemiklisi
şu çıplak doğanla şu ölen çıplakta

7.

karanlık pıhtılaşır ufuklarda kirli bir kan gibi
kış günü dağlarda can çekişir yaralı insan gibi
sular solar kuşlar ölür yıldızlar yanmaz olur
bir rüzgâr eser yalnız
   tohumlarla dolu uğultulu bir rüzgâr
   insanları iki bin yıldır ayakta tutan
     öfkeli umutlardan gibi

8.

bırakılan taş düşer ilk insandan beri doğrudur
her yumurtada bir tavuk
    her tavukta ne çok tavuklar bulunur
karşıtlarla gelişen diyalektiğin akla ziyan dönemecinde
ne güneşler doğar geceyarıları
    en sapa nehirler denizlere kavuşur

9.

şalteri indirirler ceryan kesilir ampuller söner
   yepyeni bir karanlığa başlarsın
eski bir deprem kımıldanır iç kulağında
billur bir avize düşer kırılır tuz parça olur
   duyulmaz
        öldüğünü anlarsın

10.

camlarda kış buğusu ardında hülyalı sokaklar
don vurur bütün sarmaşıkları sakatlar
öğütür kütür kütür kötümserliğin buzlarını
fayrap etmiş içimdeki sosyalist fabrikalar

11.

ney kûdüm ve nekkâre ve yaldızlı aslanağızları
insanca duygulanmanın şafakta uçuşan yıldızları
tamamla kendini mevlânâ'dan
  bedreddin'in suyundan iç
yüzyıldan yüzyıla büyürler eksilmez hızları

12.

doldurur kanlı üzüm salkımları
   saltanatlı çardaklardan
      akşamın bütün boşluklarını
duyarsın dinlesen hayalet gemilerin yorgun soluduklarını
bir balıkçıl gerçekleşir en koyu yerinde dalgınlığının
   hatırlatarak düşünmekte
      insanların savunmasız olduklarını

13.

eski begonyalar da ağlamaktadır güneş de batar
tutmuş ellerinden yalnızlıklarını henüz doğmamış çocuklar
bir çığ düşer kuş cıvıltılarından bütün haziran
başladım sandığın şarkı biter ansızın
   bitirdim sandığın başlar

14.

ıslıklarla gelen yıldızların sesidir geceleyin dinle bak
rüzgârda yelken ipleridir sarsılıp vınıldar
    irkilmişliğin dinle bak
hiç kimse duymasa da
    farkında olmasa da
      aklından geçirmese de
kulak versen duyarsın
    tırtıl çıtırtılarıyla mayalaştığını
      sıçramanın anası birikmenin
          dinle bak

15.

önce deniz yaşlı bir güzelliktir bulur örtünür
sonra sokak lambaları daha solgun görünür
yaprak düşer sürahi üşür camlarda ilk yağmur damlaları
günler kısalıyor diye aldatma kendini
   günler değil kısalan aslında senin ömründür

16.

kum saatlerinden sızan ne serin yazların derinliği
o ürkek vanilya kokusu göçmen kuşların getirdiği
zamanın geçmesinden çok belki de bizi böyle yıkan
mevsimlerin dönme dolabıyla belli etmesi geçtiğini

17.

sonbahar sarsıntılarla gelir dipten ve derinden
dağılır sis yelkenleri kederli eylül gemilerinden
yetişememek son kuşlara yetişememek ah ne kadar
hüzünlü bakıp
    yalnızlığın nabzı deniz fenerlerinden

18.

yalnız ve sessizce çıkabilmek için en son yolculuğuna da
bin yelkenliye git kaybol okyanusun dağdağalı ufkunda
başkasının doğrularına ne kadar sahip çıkayım desen de sen
nasıl olsa öleceksin kendi yanlışlarının doğrusunda

incesaz

ferâhfezâ

aynalarda kalsa da vazgeçilmez güzelliğin
sen de bir gün elbet ferâhfezâ'yı seveceksin
içinde yorgunluk bulutları belki biraz da kin
pişmanlıkların dumanıyla kararmış olsa da için
sen de bir gün elbet ferâhfezâ'yı seveceksin

küskün içlenmelerle geçti izmir'de kaç akşamımız
nereye kaydıysa sonbahar oraya yöneldi aklımız
gitmekle kalmak arasında oldum olası kararsız
hiç ummadığın anda aydınlanarak apansız
sen de bir gün elbet ferâhfezâ'yı seveceksin

kadehler parıldardı zengin tambûrla kanûndan
lâleler düşerdi körfeze şâir nedîm'in ruhundan
ölüme doldursa da yalnızlığı çınlamalarla zaman
son gülümseme bir ömrün özeti olduğundan
sen de bir gün elbet ferâhfezâ'yı seveceksin

nihâvent

dağıtarak örtülü yansımalarla usulca uykumu
nihâvent mi ışıldar içimdeki yoksa samanyolu mu
noksan sevişmelerden artakalmış umutsuzluğumu
silip yenileyerek yığınsal yaşamak tutkumu
nihâvent mi ışıldar içimdeki yoksa samanyolu mu

titretir telli havuzlarda haziran gecesini ziller
delimsirek bir santûr çılgınlığımızı belirler
çalgılar sanki artık o çalgılar değildirler
uzaydan yıldız tozuyla yüklü bir rüzgâr mı eser
nihâvent mi ışıldar içimdeki yoksa samanyolu mu

kötümser bir mutluluktur eski tutkuların gülüşündeki
karanlık çığlıklara benzer tâvûsların ötüşündeki
kimbilir hangi iklimdedir hangi kadındır düşündeki
anlaşılmaz öyle saydam bir ışığa bürünmüştür ki
nihâvent mi ışıldar içimdeki yoksa samanyolu mu

mahûr

şenlik dağıldı bir acı yel kaldı bahçede yalnız
o mahûr beste çalar müjgân'la ben ağlaşırız
gitti dostlar şölen bitti ne eski heyecan ne hız
yalnız kederli yalnızlığımızda sıralı sırasız
o mahûr beste çalar müjgân'la ben ağlaşırız

bir yangın ormanından püskürmüş genç fidanlardı
güneşten ışık yontarlardı sert adamlardı
hoyrattı gülüşleri aydınlığı çalkalardı
gittiler akşam olmadan ortalık karardı
o mahûr beste çalar müjgân'la ben ağlaşırız

bitmez sazların özlemi daha sonra daha sonra
sonranın bilinmezliği bir boyut katar ki onlara
simsiyah bir teselli olur belki kalanlara
gün döndü geceler uzar hazırlık sonbahara
o mahûr beste çalar müjgân'la ben ağlaşırız

muhayyer

önemli gizli boyutlarıyla yeryüzündeki yaşantımız
ne kadar azdır yaşadığımızdan yaşadığımızı sandığımız
söylediklerimizle değil söylemediklerimizle varız
o gün ki ölümün perdesine yapayalnız yansırız
ne kadar azdır yaşadığımızdan yaşadığımızı sandığımız

bir incesaz ki süreklidir yaprak döken korularda
çılgınlıkları oluşturur en çapraşık duygularda
büyük çıkmaz akla gelip de sorulmayan sorularda
bazı insan içten içe düşünür hesaplar da
ne kadar azdır yaşadığımızdan yaşadığımızı sandığımız

üflediği sustuğumuz tutkuların düşlerimizi çokçadır
çocukluktan çıktığımızı sanmak aslında çocukçadır
gerçi gençlik bir uçta yaşlılık bir uçtadır
birleştikleri gerçek o müthiş sonuçtadır
ne kadar azdır yaşadığımızdan yaşadığımızı sandığımız

saba

sazlarımız gülüşürdü yıldızların yaz bahçesinde
böyle dargın değildik biz o incesaz bahçesinde
sevdalar damıtılırdı mehtabın beyaz bahçesinde
dağılırken eski çekingenlikler nâz bahçesinde
böyle dargın değildik biz o incesaz bahçesinde

oyulup ışığından kahkahaların sürahileri
sütlü mavi aydınlatırlardı halka halka sahilleri
yukarda samanyolunun göz kamaştıran çilleri
ağaçlara yansımıştı sabâ'nın gizli yeşilleri
böyle dargın değildik biz o incesaz bahçesinde

şebboyların debdebesi ağır kumrallığında akşamın
başımızı döndürürdü hem benim hem müjgân'ın
bir çatışma olduğunu unutmasak da yaşamanın
yoğun doğurganlığına inandığımızdan insanın
böyle dargın değildik biz o incesaz bahçesinde

sultan-ı yegâh

şamdanları donanınca eski zaman sevdalarının
başlar ay doğarken saltanatı sultan-ı yegâhın
nemli yumuşaklığı tende denizden gelen âhın
gizemli kanatları ruhta ölüm karanlığının
başlar ay doğarken saltanatı sultan-ı yegâhın

yansıyan yaşlı gülüşmelerdir karasevdalı suda
bülbüller kırılır umutsuzluktan yalnızlık korusunda
eylem dağılmış gönül tenha çalgılar kış uykusunda
ölümün tartışılmazlığı nihayet anlaşılsa da
başlar ay doğarken saltanatı sultan-ı yegâhın

bir başkasının yaşantısıdır dönüp arkamıza baksak
çünkü yaşadıklarımız başkasının yargısına tutsak
su yasak rüzgâr yasak açık kapılar yasak
belki bu karanlıkta yasakları yasaklasak
başlar ay doğarken saltanatı sultan-ı yegâhın

tutuklunun günlüğü

40 karanlığı

ne haydut bir akşamdı ağır nargilelerle
belki bâkî'den kopup gelmiş osmanlı redifler
nasıl sislendirirdi gönlümüzü
    yorgun bir kederle

ne haydut bir akşamdı
    nâzım hapiste dinamo sürgün
bir o şiir kalmıştı hani/gazâlî'den rubailerle
yalnızlıklar kesince önümüzü
    kara zından ağızları gibi
        büsbütün

ne haydut bir akşamdı
    haydutlardan da beter
yıldızlar bozmuştu gökyüzünü
    yemyeşil gürültülerle
uzakta bir köpek dağılıyordu
    toprakta sürgünlerin ürkekliği
        bardakta sosyalist karanfiller

ne haydut bir akşamdı
   ne kadar da karanlık
kilitlenmişti ellerimiz görünmez kelepçelerle
meyhaneler gözaltında
   rakılar zehirli
      kadehler kırılmıştı artık

tutukluyu uyutmamak

1. ilk gece

ıslak bir akşamdı bulutlandım
içimde afişler çiziliyordu
tramvay durağında tutuklandım
radyo haberlerini veriyordu

      yağmura soğuğa dayanıklıyımdır
      ne çıkar uykusuz da kalırım
      günlerden cuma mı cumartesi mi
      bunlar beni söyletemezler
      daha gecelerce dayanırım

hücremin karanlık olması iyi
yalnızlığımı görmem böylece
yırtıldı içimdeki afişler
olduğum yerde sakatlandım
içim dışım eylemim gece

      beni kendime kilitlemişler
      nasıl olsa kalabalığa çıkarım
      uyumamak fazladan yaşamak değil
      bunlar beni söyletemezler
      daha gecelerce dayanırım

2. ikinci gün

bulutlarla dokumalarda sonbahar üretiyor fabrikalar
uyutmasalar da beni onlar orada var uyutsalar da
her gece son sabahlarına uyanıyor bütün idamlıklar
uyutmasalar da beni elbet asılacaklar uyutsalar da

çünkü karar akşamıdır lacivert sendikacılar
eylemle kuram arasındaki boşlukları kapsar
şantiyelerde yumruk yürekli birtakım adamlar
uyutmasalar da beni işi bırakacaklar uyutsalar da

3. üçüncü gece

o kanlı akşamüstleri içimdeki son katar
bir yalnızlıktan bin yalnızlığa kalkar
ne in var ne cin tuzlu bir çöl ki yalnız
hırçın gagalarıyla boşlukta dönen akbabalar

o kanlı akşamüstleri içimdeki o genç kız
güneşte bir portakaldır olgunlaşır yaldız yaldız
aydınlığa boğarak en umulmadık anda hücremi
çıkarır beni tutukluluktan sessiz sedasız

o kanlı akşamüstleri içimde batan gemi
ardınca sürükler götürür telaşlı gençliğimi
uyumasam hatıralar bir türlü bırakmaz yakamı
uyusam bir tokatla uyandırılmış bulurum kendimi

4. ve sonrası

uslu bir deprem yokladı avizenin sarkaçlarını
kuytu bir yerde unuttu rüzgâr çoğul ağaçlarını

yanlış bir güzellik bulunsun diye aynalarında
azgın orospular dibinden kazıttı saçlarını

kurşun kaymağı denizlerde yalnızlığını yüzen yolcu
boğulmaya yavaşlarken gördü son kulaçlarını

kim ki boş umutlarla yılandan kurtuldum sanır
duydu kulak memesinde akrebin kıskaçlarını

ay vurdu şarap bardağına bülbüller sustu
mahûr bir sessizlik sardı ayrılık yamaçlarını

koridorlarda ayak sesleri sevici kadın subayların
çizmelerinde şaklatarak yağlı kırbaçlarını

nerde krallar/nerde soyluların mavi kanlı gururu
koparmış devrimler başlarıyla birlikte taçlarını

tutuklunun günlüğü

/salı gecesi/

kara bir balta buldu akşam vuracak noktayı
hücreler doldu bir ıslık en yakın maçka tramvayı
kim bırakmış yalnızlığıma bu hüzzâm şarkıyı
kimin bu karanlık kimler sürgülemişler kapıyı
insan olan bağlar her koptuğu yerden yaşamayı

    daktilolar camları bulutlu sorgu odalarında
    didiklemez mi özgürlüğünü sansaryan hanı'nda
    küflenir suyun bir bakır çalığı birikir ağzında
    kendini öldürmeyi belki bin kere tasarlarsın da
    bir kere aklından geçmez bitirmeden ölmek şarkıyı

gönlünde büyüttüğün o müthiş ünlem içindir ki
seni kapattıkları öyle rezil o kadar çirkindir ki
çıplak bir lamba mısın dört duvar içindeki
ne lambası/söndürülen bütün ilk gençliğindir ki
gözlerin zehirlense de suç sayarsın ağlamayı

    görülmez dev böceklerdir sanki büyülü duyargalar
    uçaksavar ışıldakları gökyüzünde bir yanlış arar
    tophane rıhtımı'nda acı acı gemiler kalkar
    hücreleri akşam olur haydut öfkeleri kaplar
    ezerim sanırsın vurursan tek bir yumrukta dünyayı

/sabaha karşı/

caddebostanı'ndan bir ay yakalarsan kirli sarı
getirir hücrene sonbahar yüklü eski çınarları
sonra neclâ salkım saçak otuz iki yılları
saçları alagarson yok inceliğinde kaşları
bir güler gülüşü siler büyük dargınlıkları

    zaman dokunursun soğuyan bir çirkin ölü
    çatlamış bir at mı karanlık nemli yapışkan tüylü
    sessizliğin dehlizleri insansız ve gürültülü
    uzaktan sarmasa neclâ'nın sarmaşık gülü
    işten değil ısırmak çıldırıp prangaları

/çarşamba/

dalından ham koparılmış bir meyvanın uğultusu
beyninde tutuklunun
    gecenin bir vaktine kaldı mı sorgusu
birden yabancılaşır ray değiştirir uykusu
burnunda anlaşılmaz bir ıslak koyun kokusu

dövülmek kanlıdır
    dövülmekten de kanlı dövülmek korkusu

izmir'de fuar akşamlarından neon yılanları
sımsıkı sarılır boynuna kaypak asitli sarı
sersem sepelek bir zil dolaşır koridorları
kızgın demirlere bastıkça yanar tabanları
ağzı kurur
    umulmaz bir cennet olur her yudum su

dövülmek kanlıdır
    dövülmekten de kanlı dövülmek korkusu

/*cuma, gece yarısı*/

denizleri uçsuz bucaksızdır karanlıksa da tutuklunun
bir ucu okyanusya'da bir ucu alaska'da tutuklunun

tutsak serçeler nasıl çarpar kendini duvarlara
nasıl aydınlığa büyür kuytudaki bitkiler
özgürlük diye titrer varlığının her zerresi
    varsa da yoksa da tutuklunun

bir siyah mendildir ölüm kuşatmış gözlerini
gizler çatlayan tohumu serpilen tomurcuğu
    içindeki yalçın uçurumlardan
        çıplak bir dev gibi ayağa kalkan
            yaşamaksa da tutuklunun

çatılır yıldız çatıları yukarılarda
çelik parıltılarıyla
dönerek
iyimser samanyolları gülümser görkemli ve büyük
ipi yağlı sehpâsı çoktan hazır
morarmış etleri soğuktan çıplaksa da tutuklunun

/*pazar sabahı*/

kanûnlarla gelir ilkbahar çiçekleri
heyecanlıdırlar bitmez söyleyecekleri
bir tambûr aranır tutuklunun kederi
mahûr'a çıkarsın diye hüzzâm geceleri

      gün doğmayınca sabahın hükmü mü vardır
      yaşadığı eski yazlar hep eski sabahlardır
      son umudu çalgıların emirgân'da bahardır
      mahûr'a çıkarsın diye hüzzâm geceleri

kolay değişir mi gönlündeki mevsim
bulutludur takvimler ne derse desin
yankıları zorlasa da çok uzak gazellerin
mahûr'a çıkarsın diye hüzzâm geceleri

/salı gecesi/

neclâ'dır çağırır dudaklarıyla haziran akşamlarını
çoğaltır kendini tutuklu azaltmak için yalnızlığını

varna'lı hamdi bey'dir doktordur malatesta'yı okur
doldurup piposuna sürgünlüğünün mor salkımlarını

o yağmur çaydanlığında fıkırdar sa majeste viyana
bir yalnız troçkiy'dir emperyal camlara dayamış alnını

yeşil mumlar yanar yanlışlığının gül şamdanlarında
bir mavi orospudur rakıya batırmıştır kanatlarını

derinden dümtekler vurup gözlüklü nihâvent hocadır
sâdâbaad'a götüren besteleriyle sadrâzam konağını

o kızdır yalnızdır utanır sürekli yalnızlığından
içinde bir gül solar yaşadıkça yaşanmamış aşklarını

olgörüp terruel göklerinde malraux'un uçağıdır
biçerek ispanyol yağmurlarının gümüşten saçlarını

bir şehir biriktirse tutuklu içine insan yığsa
kıramaz hücre yalnızlığının sanki yok kapılarını

/perşembe, sabaha karşı/

bulutlarla gizli bir dostluğun varmış
hiç dikkat etmemişsin
   nedendir bilmezsin
onlar dolu rüzgârlarda dolaşırlarmış
sen özgürlüğünü geliştirirmişsin
   nedendir bilmezsin

birden çekip alınca hepsini başının üstünden
kimin olduğunu bilmediğin uğursuz eller
sağın soluna karışır
   yankılı bir boşluğa düşersin
   nedendir bilmezsin

onlar ekmeği tutsalar parmak uçlarındaki kan
dört duvar içinde misin büsbütün kimsesizsin
ağzın kahırdan tabanca ağızlarına döner
görünmez bir tetiği yoklar durur ellerin
   nedendir bilmezsin

burnunda mithat paşa'nın gözlükleri
namık kemal büyür sakalların suratında
fosforlu arılar gibi vızır vızır
    gelir mısra sonlarını bulur
        erkek kafiyeleri nâzım hikmet'in
        nedendir bilmezsin

çamlıca'da bir köşk yanaştı akşamüstüne
sarı yeşil bir tramvay üsküdar'a doğru
bütün meyhaneler bir kalemde yıkılır
    laternalar susar elinde kalır kadehin
    nedendir bilmezsin

sanki sokaklarda ittihatçı namluları
sanki geceyi sehpâlar ayakta tutuyor
bu giden gemi sinop sürgünlerini götürür
    bu kapanan kapı dövülecek olanın arkasından
        sen ise çoktan kurşuna dizilmişsin
        nedendir bilmezsin

tutanak 1

anlaşılmaz nereden geldiği korkunun
darağaçları kelepçeler yıldırımlarla uyanmak
tetik düşerken duyulan tık sesi
alarm gecesi yangın zilleriyle dolan telefon

fakat asıl korkacağından korkması insanın
bunu en iyi sorguya çekilenler bilir
kendilerini cam çerçeve pencerelerden atanlar
damarlarını açanlar bulanık hücrelerde

tutanak 2

elektrik elletirler kıvılcım yalatırlar
tuzruhu damlatırlar kulak boşluğuna
çekip alırlar kerpetenle tırnaklarını

öğrenmek istedikleri aslında bildikleridir
geceleri rüyalarına girip uykularını kaçıran
insanın insanı soyduğu derisini yüzdüğü

tutanak 3

kayısı olgunluğundadır dağılır ağızda tadı
ıslak yoğunluklarıyla dili damağı zorlayarak
dudakları özgürlükte ısırılmış kadınların

hiç olmadıkları halde karanlıkta vardırlar
gizli saçları dudaklarımıza değer alnımızı süpürür
kasıklarımızda bir sancı işlek kalçalarından

tutanak 4

nedir o tutukluları birbirine benzetir
içlerine kilitlenmek mi kapatılmış olmak mı
aynı böcekli sakallar iğne ucu gözler
aynı saatli bomba hepsinin göğüs kafesinde

kapatırlar çamurlu bir yağmurdan çıkmış gibi
kalın siyah kapısını tutuklu gecesinin
açmak için bırakıldılar mı meydan okuyarak
göğün mavi şemsiyesini pırıltılı ve kocaman

ağırceza kasidesi

gizli duruşma

su sinekleri bazı karanfiller ve gökyüzü
iç kulağımızdaki suyun sinsi gürültüsü
dağıtır bizden güllerimizi 3. ağırceza'da

leş görmüş kısrakların vahşi ürküntüsü
dumanlı bir perdedir bozar gördüğümüzü
savunulan gerçeklerden kuşkumuz olmasa da

yargılanmak yürek sınavlarının en güçlüsü
camlarda rüzgârlı denizlerin tuzlu görüntüsü
sanıklara hayal kurmak ne kadar yasaksa da

toplumcularız karakollarda açtık gözümüzü
kim çalar kapımızı kim görür yüzümüzü
gizli duruşmadayız 3. ağırceza'da

hayal kurmak

(yapraklarında tel tel yıldız bulaşıkları
boşluğa tırmanır gördüm mor sarmaşıkları
sazlar kırılmış bir korku sarmış âşıkları
içten anlaşılınca ölmeye alıştıkları

nasıl damlardı mayıs akşamlarına utlar
başlıbaşına bir dünya gökte sevdâlı bulutlar
ne bardakta şarap kalmış ne o eski umutlar
koyu bir dalgınlıktır artık yaşadıkları)

duruşmaya devam

duruşma her sanıkta bir yarış başlangıcıdır
her sanık her duruşmada kendisinin yabancısıdır

ağır bir töhmet olur insancılığı tutanaklarda
eylemi sanki kaçak bir ihanet tabancasıdır

canavar düdükleri gibi uğuldar nabızlarında kan
alnında boncuklaşan ter karabiber acısıdır

avukatlar siyah cübbeleriyle yanlış saat başları
mübaşirler koridorlarda birer insan avcısıdır

yangınlı martılar geçer dışarda akşamlar olur
uzayın çünkü döner zaman atlı karıncasıdır

sanık olmasın kişi ömrü bir duruşmadır uzar
gecesi gündüzünün gündüzü gecesinin yargıcıdır

duruşma arası

(o varsa kırılır buzlu camları kışın
anlamı yoğunlaşır anlamsız bir yaşayışın
gerçi farkındayız adı belirsiz yanlışın
acaba ben çok mu esmerim o çok mu sarışın

yansımaz oldu aydınlığı yüzüme haftalardır
yazdıklarında bile gizli bir uzaklık vardır
eylem bir dağıldı mı bütün boğazlar daralır
ben başka bir erkek olurum o başka bir kadın)

gereği düşünüldü

mahcup yaseminler son balkonların süsü
özgürlük özlemleridir genişletir gönlümüzü
savcılar ağır sürgünlerden yankılansa da

bir yer gelir ki artık ne savunma içgüdüsü
ne heyecandır kalır ne de yürek üzüntüsü
yalnız bir daktilo çıplak bir masada

toplumcularız karakollarda açtık gözümüzü
verirse halklar verir tarihte hükmümüzü
gizli de yargılansak 3. ağırceza'da

meraklısı için notlar

(**tutuklunun günlüğü**'ndeki şiirler, **izmir** şiirleridir, hepsi **izmir**'de yazılmışlardır. öyle sanıyorum ki şiir kitaplarımın içinde bütün şiirleri aynı şehirde yazılmış tek kitap **tutuklunun günlüğü**'dür. bu bakımdan hepsine, yani kitabın bütününe egemen olan havanın ne olduğunu, şöyle bir düşününce kolaylıkla bulabiliyorum.
    neydi peki?
    1968 ile 1973 yılları arasını kapsayan bu dönemde, şiir yönünden iki sorunum vardı. bunlardan birincisine, önceki kitabımda başlamıştım. daha dibi kurcalanırsa **belâ çiçeği** döneminde başlamış olduğum bile söylenebilir. klasik türk şiirinin havasını yeni ve toplumsal bir içerikle bağdaştırarak verebilmek! **yasak sevişmek**'te böyle şiirler bulunuyordu, ne var ki ben tutumu birkaç şiirle geçiştirilecek bir deney olarak görmüyor, yeni ve çağdaş türk şiirinin kurulmasında etkili olacak bir yöntem sorunu gibi alıyordum. böyle alınca yeni denemelere girişeceğim besbelliydi. giriştim de. işte **tutuklunun günlüğü**'nde bu yeni denemelerin hepsi yer alır. bazıları incesaz gibi, zincirleme rubailer gibi bütün bir bölümü baştan sona doldururlar; diğer bazıları ise, öteki bölümlerin içine serpilmişlerdir.
    ikinci sorunum, 70 yıllarında **türkiye**'de toplumcu şiirin içeriği ile ilgili daha geniş bir sorunun, benim esthetique'ime ilişkin bir parçasıydı. doğrusu ya, 60 yılları serbestliği içinde geliştirilen toplumcu şiir, genellikle

hoşlandığım bir şiir olmamıştı. eskiler kendilerini yenileyemiyorlardı, yenilerse ya **ikinci yeni**'nin biçimsel tiklerini üstlerinden atamamışlardı, ya da kolay bir slogan toplumculuğunu diyalektik şiirin kendisi ve hepsi sanıyorlardı. ben, iyi kötü, bunun böyle olmadığının farkındaydım ama, yaşadığım o çağın geçerli içeriğini kendime göre bir yöntem uygulamasıyla nasıl bulacak, nasıl yeni bir biçime dökecektim!

bu sorun, beni elbette öncekinden daha çok meşgul etmiştir.

ilkin çağdaş çelişkinin ana öğelerini saptamaya çalıştığımı hatırlıyorum: bir yandan endüstri uygarlığı aşırı merkezileşme eğilimleriyle gerek elektronik devrimini yaşamaya başlamış kapitalist ülkelerde, gerekse merkeziyetçi bürokrat diktası halinde gelişen 'sosyalist' ülkelerde insanı boyutsuzlaştırır, onu 'tüketim'e dönük bir zevk hayvanı düzeyine indirgerken, öte yandan azgelişmiş ülkelerin sanayileşme hummması üçüncü dünya halklarını ezip bitiriyor, emperyalizmin çemberi yine de azgelişmişlik duvarını yıkmalarına olanak bırakmıyordu. bir yakada aşırı uzmanlaşmış bürokrat diktalar, öteki yakada aynı nitelikteki çokuluslu şirketler, dünya kalabalığının gırtlağına çökmüş, özellikle özgürlük iyice örselenmişti.

bu noktadan yola çıktım.

bu içeriği hareketli, kıvrak, zincirleme bir şiir bütünü olarak vermeyi tasarlıyordum ama, çağdaş havaya uyan bir düzen bulamamıştım. bu düzen çalıştığım gazetenin teleks odasında, her günkü gibi, gelen haberleri izlerken kendiliğinden çıktı geldi. çağımız haberleşme çağı değil mi? dünyanın bir ucunda olup bitenler, dakikasında öteki ucuna yansımıyor mu? bunu yapan da radyolar, teleksler, telgraflar, telefonlar, telefotolar değil mi? işte o zaman anlatmak istediğim, çağdaş toplumsal içeriği bir teleks bülteni biçiminde somutlaştırmaya karar verdim. **tutuklunun günlüğü**'nün ikinci sorunu da böyle çözümlenmiş oluyordu.)

teleks

sisler bulvarı'nda denediğim bazı şehir şiirleri [ilk bakışta çağrışım şiiri gibi göründükleri halde, dikkat edilince içten içe belirli bir mantığı taşıdıkları görülen şiirler] daha o zaman epeyce etkili olmuş, bu etkiler bazı durumlarda benzerlerinin yazılması biçimine bile dönüşmüştü. **kaptan, liman** vs. gibi şiirler bu türün ilginç örnekleri sayılabilir. ben **belâ çiçeği**'nde **cinnet çarşısı** bölümünde yeniden döndüm aynı türe, bazı denemeler yaptım, sonuç kötü olmadı, olmadı ama içeriğin ne bireysel diyalektik yönünden, ne toplumsal diyalektik yönünden yeni bir yaklaşım getirmemesi, şiirlerin ötekilerinden çok farklı olmasına yol açtı. hanidir aynı damardan yeni şiirler üretmek istiyordum, öyle şiirler olacaklardı ki bunlar hem toplumsal bir içeriği okura yansıtacaklar, hem de çağdaş büyük şehir, metropol havasını gizli ve açık dramları, melankolisi ve insafsızlığıyla içlerinde taşıyacaklar.

işte teleks bülteni biçimine saracağım içeriğin bu türden geliştirilecek yeni şiirlerle somutlaşması bu gereksinme üzerine oturdu. teleks bülteni, özelliği gereği dünyanın her yanında olabilen bir şey olduğu için, yeryüzünü kucaklasın istediğim bu şiir için çok elverişli bir kalıp oluyordu.

/cuma/

toplumculuğu, insanın siyasal baskıdan olduğu kadar ekonomik baskı ve sömürüden kurtulması için benimsemiş bir ozan için, 20. yy'ın son çeyreği iyi haberlerle başlamaz. bir yandan kapitalizm, yapısal ve zincirleme bunalımlarına rağmen varlığını sürdürür, hatta bazı yerlerde pekiştirirken, öte yandan sosyalizm uygulamalarının merkeziyetçi bürokrasi diktalarına dönüşmesi, 'büyük devlet' bencilliklerinin enternasyonalciliği altetmesi besbelli hüzün vericidir.

bu veriler karşısında, inanmış toplumcunun uğraşı birden iki yanlılık ve iki yönlülük kazanıyor: bir yandan iç çelişkileriyle gittikçe aksileşen kapitalizmi yeni aşamalardaki yeni tutum ve görüntüleriyle saptayıp yermek, öte yandan sosyalizm uygulamalarındaki yöntem yanlışlarını ve saptamalarını belirleyip açıklamak! işte 7, **cuma** şiiri teleks şiirlerinin ana fikrini oluşturan bu noktadan yola çıkar: bir yandan **vietnam** savaşı ve ırk ayırımı gibi kapitalizm ve emperyalizmin 'babası' **amerika**'nın haksızlıkları verilirken, bir yandan da (türk şiirinde belki ilk defa olarak) sovyet deneyindeki bazı haksızlıklar dile getirilir. şiirin sonunda mısraların gelip bir **yeni delhi** haberine bağlanması elbette rastlantı değildir: gelişmiş (sosyalist ve kapitalist) dünya karşısında, yüzyılın dramını oluşturan üçüncü dünyanın varlığını saptamaya çalışıyorum.

7, **cuma**, çoğu şiirlerim gibi bir solukta yazılmış bir şiir olmadı. yanlış hatırlamıyorsam üzerinde aralıklı olarak bir ay kadar çalıştım, çıktığı zaman da eş dost şu anlatmaya çalıştığım onca şeyi görmedi de, sadece **'istanbul'da işçi partisi bir kere daha basılır'** mısraını gördü. aslında kimseyi suçlamak istemiyorum, benimkisi bir 'tespit'.

/tele-foto 1/

epeyce serüveni olan bir şiirdir bu!

rusların, sosyalist de olsa, kendi nüfuz alanlarındaki ülkelere, kendi koşullarına göre 'yorum ve uygulama' hakkı tanımadıkları, **imre nagy**'ye davranışlarıyla zaten belli olmuştu ya, yine de köprülerin altından bir hayli su aktığı için **dubçek** deneyine ses çıkarmayacakları sanılıyordu. ben **dubçek** deneyiyle başından beri özel olarak ilgileniyordum, zira sosyalizmin içindeki özgürlükçü çekirdeği fark ettikleri, korudukları, ondan yeni bir fidan yetiştirmeye çalıştıkları anlaşılıyordu, ayrıca elektroniğin ve otomasyonun getirdiği yeni veriler karşısında yepyeni uygulama biçimleri aramaları ilginçti. fakat sistem bir bütündü, bölünemezdi, bir kez bir ucundan özgürlük bir yana katıldı mı, giderek bütün sistemi kaplaması kaçınılmaz olacaktı. buysa **rusya**'daki bürokrat egemenliğinin hiç işine gelmiyordu. sonradan adına '**brejnev doktrini**' diyecekleri marifeti icat ettiler. **çekoslovakya**'yı bastılar. kan gövdeyi götürdü. sonunda sistem içindeki bir disiplinsizlik örneği bastırılmış, öteki heveslilere gözdağı verilmiş oldu. dikkati çeken bir nokta da şudur: **amerika**'nın ruslarca girişilen bu baskı ve haksız müdahaleye karşı itirazları sözden öteye geçmemiştir. çünkü kendi sistemleri içindeki disiplinsizlik olaylarına karşı aynı tedbirlerle gitmeyi kendileri için saklı tutuyorlardı. nitekim şili'de **allende**'ye karşı harekete geçtiklerinde yaptıkları aynı şeydi. yapılan **moskova**'nın tepkisi de sözden öteye geçmedi.

türkiye'de **çekoslovakya** olayı tip içerisinde ilginç bir gelişmeye neden oldu: **aybar**, kendisinden doğrusu beklemediğim bir çıkışla **brejnev** doktrinini yerdi, **dub-**

çek'ten yana çıktı ve 'güleryüzlü sosyalizm' tezini savundu. partisi içinde **moskova** çizgisinde az 'papaz' yoktu, derhal liderin daha önce işlediği bazı kişisel yanılgıları kullandılar, onu düpedüz tasfiye ettiler, bu 'tasfiye'nin **dubçek** olayında çeklerden yana çıkmış öteki bazı liderlerin sonradan tasfiye edilmesinden hiçbir farkı yoktur.

bu şiiri bütün bu olayların oluştuğu sıralarda yazmıştım. hemen yayımlamadım da. derken **aybar**'cılar *forum* dergisinde toplandılar, dergiyi **hasan hüseyin** yönetiyordu, genç bir şair aracılığıyla uzaktan tanışmış olduk, **izmir**'den şiiri *forum*'a gönderdim: çek olayı **aybar**'cılarla **aybar**'cı olmayanların ayıracını simgelediği için, özellikle bu şiirimi göndermiştim. **hasan hüseyin**, 2 mart 1970 tarihli bir mektubunda 'şiiriniz, **mektubunuz sevindirdi beni**' diyordu, ne var ki şiir dergide çıkmadı. **hasan hüseyin** aynı mektubun sonlarına doğru bunu dolaylı olarak şöyle açıklıyordu:

"... ancak derginin **sanat sayfası** yetersiz olduğu için, şiiri yayımlayamadık. önceden dizdirilmiş **yazılarıkullanmak zorundaydım**, öyle oldu. aslında her sayı bir iki şiir vermek kararındaydık, fakat hesaplar tutmadı. derginin oturması bakımından şimdilik böyle bir yolun izlenmesi uygun görüldü, şiire haksızlık ettiğimizin farkındayım, **biraz kendimize gelelim dedik**..."

şiir yayımlandıktan sonra da, özellikle '**bir komünist kendini asıyor**' mısraı şimşekleri üzerine çekmiştir. sanki rus baskınında çekoslovakya'da kendini asan komünist hiç çıkmamış gibi.

ha, bir de şu var: son zamanlarda bir azeri çevirici benim şiirleri hem rusça, hem azericeye çevirmeye heveslenmişti, kitaplarımı istetti, gönderdim, **tutuklunun günlüğü**'nü karıştırırken bu şiirin üstüne düşmüş, dehşet içinde çevirme işinden vazgeçti, gerekçesi de güzel: biri ihbar eder, ocağımı söndürürler.

yorum gerekir mi?

/16, pazartesi/

dikkatli okurlarım elbet hatırlayacaklardır, öbür kitaplarımdan birinde çıkmış **waldorf astoria** diye bir şiirim vardır benim (yanılmıyorsam **ben sana mecburum**'da), galiba çokuluslu şirketleri ilk defa o şiirde ele almıştım, bir de **ortadoğu'da gece telgrafları** adlı bir başkasında. ne var ki, şu ara yeryüzünde oynadıkları rolün altını çizmek için **teleks**'te bu işe adamakıllı bulaşmak gerekiyordu, işte bu şiirin temelinde bu düşünce yatar: gelişmiş ülkeler, çokuluslu şirketler aracılığıyla gelişmemişlerden hammaddeyi nasıl alır da, nasıl yine onlara işlenmişini pahalıya satar; ya da, kapitalist ülkelerarası endüstri rekabetleri nasıl ekonomik çekişmeleri getirir.

bu arada, içeriğin çok elverişli olması bir yandan da bana bu toplumsal ve ekonomik diyalektiğin yanı sıra kişisel ya da bireysel diyalektiği işlemek fırsatını sağladı. epeydir bunun üzerinde durmaktayım. şiir ve romanlarımda, kişileri bireysel boyutlarıyla (psikolojikten cinsele kadar) derinlemesine vermek eğilimim, bazı toplumcu çevrelerce benim bireyciliğim olarak yorumlanmış, değerlendirilmiştir. bu değerlendirmenin temelinden yanlış olduğunu sanıyorum. kısaca özetlemek gerekirse, bireysel diyalektiği işlemem, şu gerekçeye dayanıyor:

sanat eserinin genel içeriği doğa, toplum ve bireydir. bu üç öğe iç içedirler, karşılıklı tepki ve karşıtepki ilişkileri içinde bulunurlar. doğayla toplumun içinde toplumsal öğelerin (sınıfların) karşıtlıkları çatışmaları vardır. bu böyle olunca, hem doğanın, hem toplumun bir parçasını oluşturan bireysel öğenin de kendi içinde bireysel karşıtlıkları olması son derece olağandır. diyalektik bir sanat yanlısı ozan ya da romancı kahramanlarını toplumsal tanımlamayla belirlerken eğer bireysel karşıtlıklarını es geçerse, işini yarım bırakmış, dogmatik bir slogan toplumculuğuna tekerlenmiş olur. bu bakımdan benim yazdıklarımda insanlar bireysel çelişkileriyle de varolurlar, bu bireycilik değildir, toplumcu diyalektiğin bütün kapsamıyla uygulanışıdır.

bireycilik olsaydı, toplumsal olayların da, bireysel olayların da çözümünü bireyin kendisinden beklemem gerekirdi ki böyle bir tutumum hiç olmamıştır. kaldı ki bireyciler bireyi, toplumsal tanımını yapmadan, soyut, hatta metafizik bir biçimde ele alırlar, oysa ben iç çelişkilerini vereceğim bireyin ilkin toplumsal ve sınıfsal tanımını yapmaya, toplumsal haritadaki yerine koymaya çalışırım. 16, pazartesi'de de böyle değil midir? **elena van decker** bir milyarder kadındır, çokuluslu bir şirketin vârisidir, ama bireysel çelişkisi onu cinsel bir çatışmaya yuvarlamıştır. tıpkı onun gibi **emekli general o'connor** da, zenci fahişe düşkünlüğünden önce, birleşik amerika tröstlerindeki askerden bozma yönetici özellikleriyle belirlenmiştir.

demek ki, bu şiir, teleks içerisinde monopol kapitalizminin, yeni emperyalizmin hem toplumsal hem de bireysel düzeydeki sapma ve çarpılmalarını yansıtmaya uğraşmaktadır.

/tele-foto 4/

teleks bölümünü kapatan bu şiir, yirminci yüzyılın son çeyreğine girerken gelişmiş dünyanın dramını dörtlükler halinde tek tek ele alıp tartışan, sonunda tartışmayı türkiye'nin durumuna bağlayan bir bileşim oluşturuyor. her dörtlük kendi içinde ırk ayırımı, soğuk savaş, kiliseyi boşlayıp endüstri krallarıyla ittifak yapan faşizm vs. vs. gibi bir ana fikri işler, istanbul şehriyle ilgili olan bölüm ise, 12 mart sonrası türkiye'sinin bütünüyle töhmet altında bırakılan aydın kesimini simgelemektedir.

şiiri yayımlanması için *varlık*'a vermiştim. yanında **kızların gözleri** şiiri de vardı. o baskı günlerinde **kızların gözleri**'ni yaşar nabi kesintisiz olarak ve gösterişli bir yerde yayımladı. tesadüf **istanbul**'daydım, son bendinin hayli çarpıcı olduğunu söyledim, bu **tele-foto 4**'ün son dörtlüğünün de bazı çevreleri irkiltebileceğini belirttim. konuştuk, gülüştük, şiir *varlık*'ta çıkınca bir de ne göreyim, son dörtlük yok. oysa bu şiir hatta bütün teleks, asıl bu son dörtlüğü söyleyebilmek, yerli yerine oturtabilmek için yazılmıştı. **yaşar nabi**'ye bir mektup yazarak, hiç değilse şiirin "böyle topal bitmediğini, bir dörtlüğünün daha olduğunu ve bunun 'elden olmayan nedenler' yüzünden yayımlanamadığını" açıklamasını rica ettim.

ricamı dürüstlükle yerine getirdi.

bulut günleridir

bulut günleridir bölümündeki şiirler, 12 mart sonrası karanlığının insanı burkan gerilimi içerisinde yazılmış şiirlerdir, bu nedenle çoğunda açıkça dile getirilmemiş öfkelerin, kahırların, sıkıntıların dolaylı, handiyse simgesel belirtilerine rastlanır. diyebilirim ki 40 karanlığına paralel bir 71 karanlığı dönemine girmiştik, ozan da 40 yıllarına ilişkin alışkanlıklarını, dolaylı anlatmak, simgeyle vurgulamak yöntemlerini yeniden edinmişti.

bölümdeki şiirlerden yalnız ikisi, **emekçiye gazel** ve **grev oylaması**, yine **izmir**'de fakat o tarihten önce yazılmış şiirlerdir, öbürleri basbayağı kronolojik diyebileceğim bir 12 mart sonrası sırasını izler.

/eskiden/

şimdi yine 'ortodoks' toplumcuları kızdıracağım ama, ne yalan söylemeli, bu şiir bir kaçış şiiridir: çocukluğa kaçış! faşizm bastırınca, ortalığı inanılmaz bir baskının soluk aldırmayan ağırlığı sarınca, çocukluğumda, yine o sıralarda oturduğum **karşıyaka çamlık**'ını dolaşırken yaşadığım bazı izlenimler belleğimin perdesine yansıyor. 71 yılında artık o **çamlık** yoktur ama, içimde öyle resimler, öyle duygular kalmıştır ki, bu şiiri yazmadan edemiyorum.

işin güzel yanı, **varlık**'ta yayımlanınca, hiç beklemediğim birisinin, **baki suha**'nın **cumhuriyet**'te aşağı yukarı bir yazısını buna ayırması oluyor. 3 mart 1972'de yayımlanan bu yazının başlığı **'edebiyat sohbetleri'**, yazar giriş bölümünde öteki ozanlarımıza biraz takıldıktan, bunların 'yazdıklarına gülmemek elden gelmiyor' dedikten sonra, şu satırlarla yazısını tamamlıyor:

"fakat hemen ilave edeyim ki, kurunun arasında yaş da yanar derler. ozanlarımızın hepsini birden kötülemeye de hakkımız yok. içlerinde adları ozana çıktığı için, ne olursa olsun, sanki mecburmuş, memurmuş gibi ısrarla yazmakta devamla, her yazdığımı hikmet sayanlar yanısıra, bize gerçek şiirin, öz şiirin pınarından yudum yudum da olsa tattıranlar yok değil.

"işte bunlardan biri attilâ ilhan. biraz teatral, gösterişli üslubuna rağmen, onda gerçek şiire bir saygı vardır daima. eskiyi de bilir, yeniyi de zannımca. bir gazetenin genel yayın müdürlüğü gibi ağır bir yükün altında ezilirken, zaman zaman kolumuza girerek, serin suların aktığı şiir bahçelerine çekip götürüyor bizi.

"bence geçen ayın edebiyat hadisesi attilâ ilhan'ın 'eskiden' adlı şiiri. birlikte okuyalım:

eskiden çamlar vardı/şimdi ne oldular
gece gündüz gökyüzünü değiştiren
uğultularıyla gönlümüzü zenginleştiren
dalgın ağaçlarda/gururlu ve kibar

eskiden puhu kuşları gizemli bahçelerde
vahim yanılmaların ürpertici çığlıkları
birden yoğunlaştırırdı yalnızlıkları
ay boğulurken/bulutlardan bir perde

eskiden hanımelleri yağmurlu balkonların
uykulara bıraktığı rüyalarla beraber
uzak çağrışımlarda o çocuk şarkı söyler
pancurların ardında/sesi hafifçe kırgın

eskiden sofalarda yazın öğle sonları
sisli liman resimleri olarak görünürdü
çocuktum/ıslıklarım ne kadar hürdü
içimde özlemlerin boğuk gramofonları

"yeni, eski bütün şiir sevenlerin sanırım seveceği bir şiir. ahenk var, istif var, mana var, sonra yeni şiirin aradığı yenilik var. kısacası güzel."

/kızların gözleri/

izmir yıllarımda bir âdet edinmiştim, **karşıyaka**'dan vapurla doğrudan doğruya gazetemin bulunduğu **konak**'a geçecek yerde, sabahları, önce **pasaport**'a geçiyor, orada vapurdan inerek, eski liman boyunca rıhtımdan **konak**'a kadar yürüyordum. yedi sekiz yıl, bu âdet hiç değişmedi. karaya, kıçtan palamar vermiş yabancı şilepleri, ya da o sırada gelivermiş yolcu çıkaran bir turist gemisini görmek, bazı bazı yan yana dizilivermiş hücumbotlarının sabah hazırlığına tanık olmak, bana sözle pek anlatamayacağım bir heyecan verirdi. bu kitaptaki birçok şiirin bazı bölümleri işte bu sabah gezmeleri sırasında yazılmıştır ya, **kızların gözleri**'ni özellikle anımsıyorum. şiir başlangıçta benim aşk şiirlerimden birisi olacak gibi başlamıştı. içimden gelmiyordu ama, böyle bir şiir yazmak; belki bu yüzden, belki yaşadığımız gergin günlerin çarpıntısından gittikçe ağırlaştı, ciddileşti, sonunda gelip o son derece dramatik bende bağlandı. *varlık*'a gönderirken, için için, bir itiraz olabilir mi diye düşünmüyor değildim ama, bütünüyle çıktı.

/deniz kasidesi/

elbette klasik kaside değil, o türden sesi aldım yalnız, bir de divan edebiyatının ünlü rediflerinden gelir redifini. aslında kolayca anlaşılabileceği gibi simgesel bir şiirdir, 12 mart sonrası bunalımını, acılarını ve dehşetini yansıtmaktadır.

o kadar böyledir ki bu, o tarihte *toplum* dergisinde yazan mehmet kemal uzaktan durumu hemen algıladı, cidden ilginç yazılarından birisi olan 7 temmuz 1972 tarihli ve "gelir ama, ne gelir" başlıklı şu yazısını yazdı:

"*varlık*'ın son sayısında attilâ ilhan'ın 'deniz kasidesi'ni okuyorum. 'sanki deli bir su patlar çoğul yatağanlar gelir... var mı, yok mu anlaşılmaz, yağlı korsanlar gelir... kırbaçları kan içinde bıyıkları gürültülü...' attilâ ilhan'ın kasidesi ile alışılan belki de klasik diyebileceğimiz kaside arasındaki form ilintisini düşünüyorum. ikisinin de redif kullanması mıdır bağlantısı? belki o belki değil! ikisinde de benzer bir ses gürültüsü var. neden kendi şiir formlarımızdan ayrılmışız da, yaban formların üstüne gitmişiz? batılılaşmak diye bir özentimiz var, ondan olabilir. biz batıyı anlamamışız. batı da bizi anlamamış. yüz yıldır bocalar dururuz. sanatta bocalarız, ekonomide bocalarız, sosyolojide bocalarız. siyaset yapanlarımız var ya, onlar da, orada bocalar dururlar. nemize gerek **sonnet**'ler yazmak bizim? **sonnet** nerden gelir, **gazel** ya da **kaside** nerden gelir, biz nerden gelir, nereye gideriz? sorması bile ayıp! batılıbazlar nasıl da kızarlar, gözlerinde çıkan ferden anlıyorum, görür gibi oluyorum.

"'o büt'ün haneme teşrifini gûşetti meğer... sevk-i surideyi gördüm gelir amma, ne gelir...' buradaki büt sözcüğü, bildiğimiz put olsa gerek! fakat ağırlığı put'tan çok... daha çok anlamlar yüklemişler üstüne... hem **güzel**'in yerini alıyor, hem **sevgili**'nin... erkek ve kadın güzelliğini eşdeş tuttukları için ikisinin de anlamını kapsıyor. yani evine bir güzel, bir sevgili geliyor; erkek mi, kadın mı önemli değil! geliyor sevgili, o da geldiğini görüyor. bir telaş, bir heyecan, koşup geliyor, amma ne gelir!.. ozan bunu anlatmak istiyor. gelir redifini bulur bulmaz, her şeyin üstesinden geliyor! zaten şiir de bu değil mi, herkesin, hepimizin kullandığı sözleri şairce konuşma, ya da kullanma? o büyüyü bulan, şair oluyor; öteki mi, öteki de hiç! bir böyle gelir var, bir de insanın üstüne bazı felaketler gelir, çullanır, altından kalkamazsınız, **'gelir amma ne gelir...'**

"'**vermez selam, ol serv-i hıraman gelir, geçer... yollarda ömr-ü âşık-ı nalân gelir geçer...**' o da gelip geçenden, sineyi delip geçenden yakınıcı... daha yumuşak sözler seçmiş... onları daha yumuşakça yan yana dizmiş. hele ikinci dizenin başına bir **'yollarda'** sözcüğü oturtmuş ki, yeme de yanında yat!

"insanların başına da, toplumların başına da birçok şeyler gelir... kim getirir? getirene bakma sen, gelene bak! nerden anımsadım, bilemiyorum, bir ulu ozan **'dağ başlarının kalın sesli sipahileri güneşin boynunu vurup, kanını göle akıttılar'** diyor. güneşin boynunu vururlar ve kanını göle akıtırlar. ahmet haşim **'gurubu hûn ile perverde ruh olan kuşlar... kızıl kamışlara yakût âba konmuşlar... ufukta bir ser-i maktuu andıran güneşi... sükûtu gamla yemişler ve şimdi doymuşlar...'** diyor. demek haşim'in güneşini yiyenler de türemiş. güneş yiyiciler gelmişler, ne gelmişler, nasıl gelmişler? nasıl yerler!..

"her şeyi müslümanlığın taze ışığında gören bir ulu ozan da **'bir hilâl uğruna yârap ne güneşler batıyor'** diyordu. onun yüreğindeki müslümanlık taze ve sıcaktı. fakat ordan alıp, onu kara yüreklerinde tutanlar kirletmişlerdi. ayrıntı buradaydı. onun için, bir süre sonra sıkıyı görünce ingiliz kruvazörüne binip kaçacak olan **halifeyi ruyi zemin'in** saygı duymadığı hilal uğruna batacak güneşler boşuna, selefiye batacaklardı. ulu ozan bunu görebilmiş miydi? onun batı anlayışı da böyle bir müslümanlıktan geçiyordu. fes yerine şapkayı giymedi. ömrünün bir çeyreğini yad ellerde tüketti. bir inat simgesini şapkada buluyordu.

"ozanlar, ümmetleri az peygamberlerdir. toplumlara söz söylerler. onun içindir ki **'ukte-i serrişte-i râz-ı nihanidir sözüm'** derler. siyasetçilerin ardında zaman zaman büyük kalabalıklar olur. şairlerin kalabalıkları azdır, tükenmez. yüzyıllar boyu şairleri, az da olsa bu kalabalıklar izlerler. onun için şairlerin de peygamberler gibi ümmetleri vardır. söz bir yerde değerini yitirdi mi, toplum, sözü yeniden değerli kılmak için şairlerini aramaya başlar. işin hoş yanı bu belâlı şairler de her zaman, her çağda çıkarlar. her ikisini de, iyi şairi de, kötü siyasetçiyi de, benzer süreç içinde çıkaran, aynı toplumdur. onun alınyazısı içinde ikisi de vardır. onu ona vurdurup, onu ona kırdırarak seyrini tamamlar! ulu şair de, **'ben kötü siyasetçi döneminde ortaya çıkmam'** kötü siyasetçi de, **'ben ulu ozan döneminde ortaya çıkmam'** diyemez. toplumun önünde, alınyazılarının doğrultusunda sınavlarını verirler.

"bir tersliği ve yanlışlığı elbirliğiyle sürdürmekteyiz. kendimden söz edeyim. ben aslında duygusal sözler söylemek, şiirler yazmak için dünyaya geldiğimi sanırdım. öyle bir tersliğin batağına düşer oldum ki, ekmek paramı hep politika yazılarından çıkardım. yazımın başlığı bile **'politika ve ötesi'**dir. yıllar yılı bundan vazgeçemedim. oysa ben politika yapmam. politika yapanları izlerim. **'ayna sizi çirkin gösteriyorsa, niçin aynaya kızıyorsunuz?'** politikacı hep kendini yansıtan aynaya kızmıştır. bir kez olsun kendi yüzüne kendinin yüzüymüş gibi bakamamıştır. hep ayna kendini çirkin gösteriyor sanmıştır. **'mir'ata bakma, bir iki gün eyle tecrübe... firkatine tahammül müşkil değil midir?'**

"attilâ ilhan'la başladık. onun hünerli diliyle tamamlayalım: **'bir çatışma başlar ki batı'da kanlar gelir... mor uğultulardan oyulmuş erguvanlar gelir!..'**

"gelir amma, ne gelir!.."

/imgelem kuşları/

bu şiirimi severim, neden sevdiğimi de pek bilmem: yazarken gözönünde tuttuğum nokta şuydu, nasıl yaparım da düşünce ve yaratma özgürlüğünün anası olan imgelemi savunabilirim, nasıl bir estetik bileşim kurabilirim de sanatçının yaratıcı özgürlüğünün vazgeçilmezliğini vurgulayabilirim.

gazellerde geleneksel olduğu gibi bu fikir en açık olarak, sanırım son iki mısrada belirlenmiştir:

**imgelem kuşlarıdır ki tutulmaz toz olur dağılırlar
özgürlükte varolmaktır/en bağışlanmaz suçları**

bir de, şiir ve sanat üzerinde kafa yoranlara ipucu olsun diye şunu anlatayım: imgelem kuşu imgesini sanıyorum ki çocukluk yıllarımda heyecanla okuduğum zola'nın **eser** adlı romanındaki bir sahneden türettim. kitabın sadece ana hatları aklımda kalmış, bir de bu fikir, galiba bir ressam söz konusuydu, tuvalin üzerine çiçekler yapıyordu ama, bunlar gerçekte olmayan "muhayyel' çiçeklerdi. otuz yıl sonra yazdığım **imgelem kuşları**'nın ana çağrışımı bu ilk çocukluk izleniminden geliyor sanıyorum.

/emekçi gazel/

bizim solda içeriğin biçimi belirlediği sık sık söylenir, geniş ölçüde doğrudur da bu, yalnız ulusal bir bileşim gerçekleştirmek isteyen ozanın kendi şiirinin geçmiş biçimlerini yeni içeriklerle kullanmasını önleyeceğine hiç inanmadım, **aragon** da inanmamıştır, **nâzım** da! her ikisinin de ulusal şiir vezinlerini yeni ve toplumcu içlemleri söylemek için kullandıkları, herkesin bildiği şey.

emekçiye gazel'de ben bu işi en uç noktasında denedim. klasiği çok andırır bir biçimde toplumculuğun temeli olan emekçinin övülmesinin, pek fena olduğunu söyleyen de çıkmadı.

/grev oylaması/

toplumcu şiir başlangıçta, 60 yılları sonuna doğru içine düştüğü mühimmat deposu görünüşünde değildi, daha çok işçi sınıfının şiiri olmaya çalışırdı. bizim kuşağın hemen hepsi fabrika şiirleri yazmaya heveslenmişlerdir. **ömer faruk toprak**, sanırım 'fabrika' adı altında bir de kitap tasarlamış, bunu sonra **suat taşer**'le ortaklaşa yayımladıkları bir kitabın bir bölümü olarak gün ışığına çıkarmıştır. **rıfat ılgaz**'ın o çok ünlü 'alişim' şiiri de bir fabrika şiiridir. sonra nedense bu damar işletilmedi, ya da yanlış işletildi.

ben **grev oylaması**'nda yeniden o fabrika romantizmine dönmek istedim. özellikle genç ozanların, bu yönü boşlamaması gerektiği inancındayım. sosyalizm köylü zümrelerinin değil, işçi sınıfının ideolojisidir, böyle olunca da sosyalist şiirin işçiyi estetik bileşiminin temel öğesi diye alması handiyse zorunludur.

/bulut günleridir/

bölüme adını veren şiir. 12 mart sonrası baskı dönemini her şeyiyle anlatmasına çalıştım, iyi kötü galiba becerdim de. şiirleri burnuyla okumayanlar, pek güzel anlamışlardı ne demek istediğimi.

/içlenme/

aynı nitelikte bir şiir ama eleştirici bir yanı da var, bir yandan gençlere uygulanan kanlı baskıyı kınamaya çalışıyorum, bir yandan da 'ölerek ölümü yenmek' fikrini eleştiriyorum, 'eylemi anlamından çözdüğü, tutkusunu da hiçe indirgediği' için.

anlayan olmuş muydu dersiniz?

/allende, allende/

şili dramıyla ilgili şiirin yazılış koşullarını o sırada *varlık*'ta çıkan **attilâ ilhan'ın defteri**'nde yazmışım. 12 eylül 1973 tarihini taşıyan bölümde, şunlar okunuyor:

12 eylül 1973

"gece bastırınca, bahçede bağlı unutulmuş bir köpek havlardı. **osmanbey**'de **kırağı sokağı**'nda, yüksek apartmanların beton gemiler gibi karanlığın içinde yüzdüğü şehir akşamlarında, bir köpek havlamasıyla çalışmak! **hasan**'ın (**tanrıkut**) askere giderken bana bıraktığı odasında, bir aşağı bir yukarı dolaşarak, **gerhard eisler** için şiir yazıyorum. bugün sosyalistlerden bile **gerhard eisler**'i anımsayan acaba kalmış mıdır? iki savaş arası militanlarındandı, savaş sonrasında bir **polonya** vapurunda yakalandı, tutuklandı. ben, **türkiye**'de doğru dürüst kendi başını kurtarmayan genç şair, onu kurtarmak için şiir yazıyordum işte! hiç yayımlanamayacağı, doğru dürüst eş dost arasında bile okunamayacağı kesin bir şiir! o sıralar, nerede böyle sosyalistleri ilgilendirir bir olay geçse, hemen bir sosyalist şiir yazılması handiyse zorunluydu. o kimin olduğunu asla öğrenemediğim zavallı köpek geceyi hüzünlü havlamalarıyla dağıtırken döktürdüğüm şiiri, **edebiyat fakültesi**'nin asistanlar odasında yüksek sesle okuduğum gün, **hasan**'ın yüzündeki mahcup gülümseme, **cahid tanyol**'un gözlerindeki dehşet hâlâ belleğimdedir. şiirse çoktan kayboldu.

"düşünüyorum da, o zamandan bu zamana, sosyalist kahramanlar için başka şiir yazmamıştım gibi bir şey! peki, radyoda **allende**'nin acı sonunu işittiğim andan beri içimde oluşan bu şiire ne demeli? hani kendisini zorla yazdıran şiirler vardır, onlardan birisi: daha mısramın birisini tamamlamadan, ötekisi sökün ediyor; acı bir telaş, kahırlı bir öfkeyle, evde, gazetede, vapurda, sözcükleri çiğneye çiğneye dolaşıyor, bulduğum her zaman aralığında kafamda oluşanları bir kâğıda karalıyorum. demek o kalın entelektüel gözlüklerinin ardından insanca bakan gözleri, bu kadar etkilemiş beni **allende**'nin! özgürlüğe inancını paylaşmamın, kuralları insanca uygulama titizliğini sevmemin ne kadar rolü varsa bu etkilemede, ölümündeki sosyalist gözüpekliğinin de o kadar rolü var. bu şiir daha bitmedi, bitince o **gerhard eisler** için yazdığım şiire hiç benzemeyecek. adından da belli değil mi: **allende allende!**"

zincirleme rubailer

yo hayır, rubailerin tadına varışımın **hayyam**'la ilgisi yok! ne kadar ünlü olursa olsun, bizim kuşak hayyam'ın rubailerini doğru dürüst çevrilmiş olarak bir kitapta bulamamış, şurada burada çıkan bölük pörçük dörtlükleriyle yetinmek zorunda kalmıştır. kendi hesabıma rubaiyle çok güzel şeyler yapılabileceğini ilkin doktor **abdullah cevdet**'in **ahmet gazali**'den çevirdiği şu dörtlüğü okuyup çarpılınca düşünmüşümdür:

senin gönlün daima meshur ve musahhardır mazursun
gamın ne olduğunu aslâ bilmedin mazursun
ben sensiz bin gece kan ağladım
sen bir gece sensiz kalmadın mazursun

o tarihte **şiir demeti** diye bir dergi çıkardı (o tarih dediğim, galiba 40 yılları), ayda iki kere yayımlanan bu ufak, fakat özenli dergide hem doğu şiirinin hem batı şiirinin ustalarından çeviriler bulunurdu, bu rubaiyi orada keşfetmiş, hemen de ezberlemiştim. sonradan **hüseyin rifat bey**'in **nasırüddin tûsi**'den türkçeye aktardığı şu dörtlük de orada bulduğum, ezberlediğim rubailer arasındadır:

göz yaşlarımla makbere girdim de çağladım
elden giden o dostları andım birer birer
bilmem ki nerdeler diye sordumdu onları
derhal o makbere dedi bilmem ki nerdeler

yıllar sonra, yaş elliye iyice yaklaşmışken, o zamanki beğenilerimin hiç de yersiz ve yanlış olmadığını görüp seviniyorum diyebilirim. kim bu dörtlüklerin insanın ta içine işleyen boyutları olduğunu yadsıyabilir? yadsırsa, kim bu yadsımanın ciddi olduğuna inanır. biz, kardeşim **cengiz ilhan**, liseden okul arkadaşlarım, yoksul bütçelerimizin olanakları oranında balıkpazarı hovardalıkları yapabildiğimiz akşamlar, coştuk mu ya şu andıklarımı, ya da şimdi anacaklarımı ardı ardına okur, hem içlenir hem keyiflenirdik.

mehmet akif'in sadi'den çevirdiği şu rubaiye ne dersiniz:

bahar olmuş çiçekler lâleler güller bütün açmış
gülüm bir sensin ancak bitmeyen hâlâ şu topraktan
rebii bir bulut şeklinde ağlarken mezarında
nihayet öyle yaş döksem ki artık sen de fışkırsan

ya da yine **hüseyin rifat bey**'in **hakim sinâi**'den çevirdiği şu dörtlük:

satın almaktalar amma seni ey gonce bugün
üzerinden gece geçmekle düşersin derde
daha dün tıpkı azizler gibi durmakta iken
kaldırıp baştan atarlar da ezerler yerde!

ne yalan söylemeli, rubai denince benim içimde tınlayan ses hep bu rubailerin sesi oldu. sonraları yeni şiirin başka ustalarının, ya da ünlü edebiyatçılarımızın yaptıkları çevirilerin sesi değil. işin güzel yanı **nâzım**'ın rubai denemelerini görünce, aynı sesi onun da koruduğunu görüp sevinmemdir. gerek **hayyam**'la gerekse **mevlânâ**'yla polemik adını verdiği şiirlerinden **nâzım** bu büyük doğulu ustaları aynı düzeyde, aynı şiir yoğunluğu, ses tonu ve içlem zenginliğiyle karşılarına çıkarak yenmeye çalışmıştır.

yüzyıllarca sonra zincirleme rubaileri yazarken, içinde nelerin uğuldayıp yankılandığını böylece gösterdiğimi sanıyorum. o sesi ben de korumaya çabaladım, içeriği elbette çağdaşlaştırmadım, ha bir de uzak yakın bazı kafiyelerle hemen hemen bir bütünü oluşturan rubaileri birbirine zincirledim. zaten zincirleme adı da oradan geliyor ya, kimsenin fark ettiğini sanmıyorum. bu bizde sanatçının çilesi, bırakın okuru, eleştirici bile sanatçının çalışma inceliğini kavramaktan uzak, ya gücü yetmiyor, ya da düşmanlığından fark etmemiş görünüyor. aldıran kim.

incesaz

şarkıya heveslenişim, neden? bunu iki etkene bağlayabiliyorum: birisi, çocukluğumdan geliyor. daha önce de bir yerlerde yazmıştım sanıyorum. babam şiire düşkün bir adamdı, bizim çocukluğumuz, evin içinde bir aşağı bir yukarı dolaşarak nedim'den şiirler okuyan, yumuşak ve şefkatli bir babanın hayaliyle renklenmiştir. özellikle, **nedim**. annem, nedim'in bazı gazellerini, bazı şarkılarını bugün bile ezberinden okuyabilir. bu şarkılar da yabana atılacak şarkılar değildir hani. bir de çocukluğumuzun **karşıyaka**'sında bir deniz gazinosu vardı ki, sık sık babam ailecek bizi oraya götürürdü, incesaz dinlerdik; o tarihte sıkıldığımı sanırdım, daha çok cambazların çıkmasını, hokkabazın gelip ilginç numaralarıyla bizi şaşırtmasını beklerdim; öyle değilmiş meğer, o incesaz, o fasıllar bilincimin altında bir yerlere güzelce yerleşmişler; sazların, insanı şaşırtan bir beraberlikle parçadan parçaya su gibi geçişleri, kanunun, tamburun, udun içli yakınışları beni adamakıllı etkilemiş. günün birinde şarkı yazmayı gereksinince, hepsinin eski bir filmden görüntüler gibi belleğime hücum ettiklerini hayretle ve sevinçle gördüm.

şarkı yazmaya heveslenişimin ikinci nedeni, 55/60 yılları arasında türk musikisini yeniden 'keşfedişim' olsa gerek. zira çocukluk yıllarımla bu yıllar arasında alafranga solcu, farkında olmadan inönü atatürkçüsü, dolayısıyla türk musikisi düşmanı bir başka **attilâ ilhan** var olmuştur. paris yaşantısının beni ensemden tutarak getirdiği ulusal bileşim düşüncesi ve zorunluluğu, istesem de istemesem de, divan şiiriyle de, divan musikisiyle de ilgilenmemi gerektiriyordu. işe musikiyle başladım. o tarihte istanbul'da yaşıyordum, akşamları saatlerce türk musikisi dinlediğimi çok iyi hatırlıyorum. bu, şiirimde etkisini göstermekte gecikmedi. sonradan **belâ çiçeği**'nde yer alan **emirgân'da çay saati, mahûr sevişmek** gibi şiirler bu dönemin ürünüdür, bu şiirlerden ikincisinin ilginç bir yanı da **sırtlan payı**'nda, **bıçağın ucu**'nda epeyce rol oynayan miralay ferid'le eşi ruhsar'ın etkisiyle yazılmasıdır.

tutuklunun günlüğü'ndeki **incesaz** bölümünü yazdığım sıralar, 12 mart sonrasının bunalımlı günleriydi, onun için de şiirlerin bütününe hem o bunalımın karamsarlığı, hem de o ara günlük bir gerçek halinde duyulan ölüm düşüncesi egemen oldu. türk musikisi makamlarından en çok sevdiklerimin, biraz da ritmlerinden esinlenerek yazılmış şiirlerdir. içerikleri bir yandan kişisel diyalektiğin getirdiği çelişkileri, bir yandan geleneksel şarkı düzeninin rindliğini, bir yandan da çağdaş —o günler için belki de hatta güncel— sorunların heyecan ve üzüntülerini kapsar.

/mahûr/

özellikle bu şiirin üzerinde duracağım, nedeni şu: bana öyle geliyor ki, 12 mart sonrası kahrının en belirgin olduğu örnektir; bir sabah ağır ve kıyıcı haberleri radyodan dinlemiş, **karşıyaka**'dan **izmir**'e geçmek üzere vapura binmiştim. deniz bulanık, hırçın ve çalkantılıydı. gökyüzü simsiyah alçalmıştı. acı bir yel esiyordu. şiirin ilk mısralarını içimde duydum. şiirlerimi, mısraları yüksek sesle tekrarlamadan yazamadığım için, vapurda tenha bir yer aradım. indikten sonra da, rıhtım boyunca mırıldana mırıldana ilk beşliği tamamladım.

> gün döndü geceler uzar hazırlık sonbahara
> o mahûr beste çalar müjgan'la ben ağlaşırız

ergüder yoldaş, mahûr'un ilk beşliğini besteledi. **nur yoldaş**, plağa okudu. ne var ki, bu şarkı **sultan-ı yegâh**'ın ününe kavuşamadı. yıllar sonra, aynı şiiri **ahmet kaya** besteledi ve kasete okudu; televizyon için klibi yapıldı, senaryosunu **ülkü karaosmanoğlu** yazdı.

/sultan-ı yegâh/

incesaz'ın bu son şiiri, özellikle son beşliğinde, 12 mart karanlığını vurguladığı için bence ilginçtir. şiirleri yazarken bir yandan da kitabın düzenini tasarladığımdan, **tutuklunun günlüğü** bölümünü **incesaz** bölümünün ardına koymayı hesaplamış, incesaz'ın son şiirini de bir bağlantı şiiri yapmak istemiştim. şiirin son mısraları, 12 mart dramını şu sözlerle 40 karanlığına bağlıyor:

> bir başkasının yaşantısıdır dönüp arkamıza baksak
> çünkü yaşadıklarımız başkasının yargısına tutsak
> su yasak rüzgâr yasak açık kapılar yasak
> belki bu karanlıkta yasakları yasaklasak
> başlar ay doğarken saltanatı sultan-ı yegâhın

ergüder yoldaş ilk beşliği besteledi. **nur yoldaş** plağa okudu. şarkı 1981 yazı ve sonbaharında aylarca listelerde kaldı.

tutuklunun günlüğü

tutuklunun günlüğü bölümü, 40 yılları içerisinde toplumcu kuşağının çektiklerinden bazı şeyler anlatmaya çalışıyor. kitabın bütünü içinde, birbirini izleyen 12 mart karanlığı ile 40 karanlığı, bence, şu saptamayı yapmak olanağını verdiği için ilginç: 12 mart karanlığı ile ilgili şiirler tıpkı 40 yıllarındaki baskıya karşı yazdıklarımız gibi kapalı, dolaylı, simgesel şeyler oluyor; buna karşılık, 12 mart sonrasında, 40 karanlığını daha açık, daha adlı adınca anlatabiliyoruz.

daha önce de belirtmiştim, benim şiirimde, **sisler bulvarı/yağmur kaçağı** döneminde belirmiş bir gerilim atmosferi vardır ki, bu atmosfer işin içinde olmayana bir serüven, korku ve gerginlik atmosferi gibi görünür; gerçekte ise, 40 yıllarında yaşanılmış bazı siyasal baskıların, kaygı, korku ve gerginliklerin başka bir düzeye aktarılarak anlatılmasıdır. bu yolu ben bir süre daha izledim. **ben sana mecburum, belâ çiçeği** ve **yasak sevişmek** şiirlerinde de, böyle aktarmalar yok değildir, sırası gelir onlara da 'meraklısı için notlar' yazmam gerekirse, birer birer işaretlerim.

tutuklunun günlüğü bölümünü oluşturan şiirlerde, öncekilerin tersine bu **transposition**'dan vazgeçilmiş, şiirler gerçekçi bir içeriğe oturtulmuştur. talihin şu garip tesadüfüne bakın ki, bu şiirlerin yazıldığı ve bir kısmının yayımlandığı sıralarda, türkiye yeniden 40 karanlığına benzer bir karanlığa giriyor, ozan da bu yeni karanlığın acı şarkılarını söyleyebilmek için otuz yıl önceki alışkanlıklarına dönmek zorunda kalıyordu.

/tutukluyu uyutmamak/

12 mart sonrasında uygulandı mı bilmiyorum, 40 yıllarında sanığı uyutmamak etkili bir işkence biçimiydi. konuşturulmak istenen kişi, genellikle aralıksız bir iskemleye oturtulur, başına bir nöbetçi dikilirdi. nöbetçi sık sık değişir, tutukluyu uyutmazdı. önceleri oyun gibi başlayan bu işkencenin giderek ne kadar ağırlaştığını, nasıl insanın bütün direncini azalttığını, iliklerini boşalttığını herhalde başından geçenler bilir. bu şiirde ben o zamanlar birçok toplumcunun katlandığı bu öldürücü işkenceyi, bu işkence sırasında kişinin ne türlü ruhsal bir süreç içinde bulunacağını anlatmak istedim.

bölüme giriş göreviyle yüklenmiş olan 40 karanlığı şiiri de, bu da *cumhuriyet*'in sanat ekinde çıkmıştı. attilâ ilhan'ı ellerinin tersiyle kolay bir ozanlığa itmeye çalışanlar, öyle sanıyorum ki, toplumculuk alanında da toplumcu şiir alanında da daha söyleyecek çok şeyim olduğunu bu şiirlerle yeniden fark ettiler.

/tutanak/

bildiğimiz düz işkence üzerine bir şiir. yayımlanması için yine *cumhuriyet*'e göndermiştim. o günlerde gayet kanlı ve ağır olaylar cereyan etti ve sıkıyönetim ilan edildi, düşündüm ki bu koşullar altında yayımlanması *cumhuriyet*'in de, benim de başımı belâya sokabilir, **izmir bürosu**'nda çalışan hikmet'e telefon ederek uyardım, o **istanbul**'dan galiba **kurtböke**'yle konuşmuş, gazetenin yayında herhangi bir sakınca görmediğini bana iletti, ne var ki sonradan gazetenin sorumluları da benim düşünceme katılmış olacaklar, eki bastıkları, şiiri de yayımladıkları halde, o ay dağıtmadılar. galiba *cumhuriyet* sanat eki serüveninin de sonu oldu bu.

bunalımlı günlerdi, şiirde yansıttığım olaylar kontrgerilla'da, şurda burda gündelik dramlar halinde yaşanıyordu.

/ağırceza kasidesi/

bu şiir bütünüyle sanıklık durumunu anlatır, böyle bir durum vardır çünkü, insan yaşamadıkça da bilmez. gerçi benim çocukluğumda uğradığım mahkûmiyetin dışında mahkûmiyetim olmamıştır, ama çeşitli siyasal suçlamalarla birçok kereler gözaltına alınmış, birçok kereler de sanık ve tanık olarak ağırceza mahkemesi huzuruna çıkmışımdır. gözaltına alınmadan mahkemede hüküm giymeye kadar uzanan zincirin son halkasını anlatan bu şiir için, başından bu türlü belâların katmerlileri geçmiş bir ozan ve yazar, 40 kuşağının tragedyasını en ağır biçimiyle yaşamışlardan birisi olan **hasan izzettin dinamo**, *yeditepe*'nin 1971 tarihli sayısında şunları yazmıştı:

"*cumhuriyet* gazetesinin 1971 yılbaşı edebiyat ilavesinde birçok güzel yazıyla birlikte birkaç da güzel şiir gördüm. attilâ ilhan'ın 'ağırceza kasidesi' adlı büyük şiiri çok hoşuma gitti. şair, şiirine her ne kadar kaside adını vermişse de, şiir gerçek bir kaside biçiminde değildir. hemen birçoğumuz zaman zaman uzun kimi şiirlerimize 'itibari' olarak kaside adını vermişizdir. önemli olan bu değil. şair devrimci bir çekirdek taşıdıktan sonra baki'nin de, fuzuli'nin de, nedim'in de külâhını ya da kavuğunu giyse yine yazdığı şiir devrimci olur. son çağ yeryüzü küçük burjuva şairlerinin çoğunluğu, şiirlerini serbest nazım dediğimiz ölçüye benzer bir biçimde yazmaktadırlar. devrimci şiir aruz, hece vezinleriyle de yazılabilir. türk edebiyatında ilk devrimci, sosyalist şiirleri rasim haşmet, ismail rıfkı aruzla yazmışlardır. bugünün okuyucu zevki elbette değişmiştir. yine de bu geleneksel olanaklardan yararlanarak yeni içerikli güzellikler yaratmaya çalışmak yadırganacak bir çaba sayılmaz.

"attilâ ilhan, 'ağırceza kasidesi' ile divan edebiyatının uyum zenginliğinden de yararlanarak susturucu, anlamlı bir güzel yapıt yaratmıştır. içinde devrimci türk ruhunun karanfil kokusuyla yüklü karanfil rengi bir duman gibi tüttüğü bu şiirde, eskiyle yeninin el ele vererek güzel bir şeyler muştuladığını görüyoruz. bu şiir, birçok devrimci şaire anlatacaktır ki, devrimci şiir, uyum ister, müzik ister, biraz retorik ister, en çok da dinamizm ister. bu şiirdeki gibi de şiirin öz cevheriyle de yüklü olunca, sırasında gürül gürül okunup gözlerle birlikte kulakları da şiirin şölenine çağırır. bence, şu uzayıp giden edebiyat tartışmalarından öğreneceğimiz kimi doğrular var: bugün halk müziğini, alaturka denen geniş kadrolu müziği, son alafrangalaşmış türk müziğini radyolardan, sazlardan sağlam geleneksel ölçüler, uyumlar içinde dinleyen türk ulusu, elbette seveceği şiirde de buna benzer bir hava ister. nâzım hikmet'in serbest nazmı neden o kerte güçlüdür? şundan ki, o aruzu da, heceyi de bilen kullanan, onların yüzlerce yıllık gizli uyumundan yararlanmasını bilen bir ustaydı. insan, bugün, devrimci şiiri yansıttıktan sonra hece ile de, aruzla da devrimci şiir yazabilir. en kötüsü, devrimci şiiri düzyazıya benzer eskiden mensur şiir dediğimiz biçimde yazmaktır. attilâ ilhan'ın 'ağırceza kasidesi' yaşadıkça anacağım bir şiir olacak."

attilâ ilhan
mart 1975, kavaklıdere (ankara)
mayıs 1982, taşlık (istanbul)

meraklısı için ekler

1
şiir sanatı'nın soruşturmasına cevap

Yenilikçi Türk şiirinin ana sorunu aynı zamanda Batılı ve Türk olabilen **esthetique** bir bileşime varabilmek sorunudur.

Tanzimat dönemi ozanları olsun, onun ardından gelen Edebiyat-ı Cedide dönemi yazarları olsun, sorunun bileşimci ve özgül niteliğini kavramış görünmemektedirler. Onların çoğu bileşimden çok Doğulu ve Batılı özellikleri özümlemiş halde değil de, yan yana taşıyan sindirilmemiş bir 'telifçilik' yapmışlardır.

Ciddi bileşim denemeleri bence hececiler döneminde başlamıştır ama bu işi başlangıçtaki ünlü hececiler yapmamışlardır.

Baudelaire yöneliminde bir şiiri Türk şiir geleneğine bağlamak, burdan kişisel olduğu kadar ulusal bir bileşime gitmek girişimi **Necip Fazıl**'da belirmektedir. Necip Fazıl'ın başladığı işi, kendi kişilikleri ve özellikleri doğrultusunda geliştiren iki başka ozan, üstünde durulması gereken yapıtlar vermişlerdir: **Ahmet Muhip Dranas** ve **Cahit Sıtkı Tarancı**.

Çatalın öteki ucunda, yenilik atılımı daha dikkati çeken, başka bir bileşim denemesi vardır ki, o da toplumsal gerçekçi sanat yöntemini hem Halk şiiri, hem de Divan şiiri geleneğine bağlamak başarısını gösterebilmiştir. Bu bileşim **Nâzım Hikmet**'in özellikle **Şeyh Bedreddin Destanı**'ndan sonra geliştirdiği yolu açmış; bu yolun, kişilikleri değişik irili ufaklı başka ozanları da olmuştur. Bunların arasında **Hasan İzzettin Dinamo**'nun adı anılabilir.

Türk yenilikçi şiiri bir bileşim şiiri olarak bu yönde gelişecek iken, Tanzimat ve Edebiyat-ı Cedide yenilikleri karakterinde, demek ki kopyacı ve öykünmeci **Garip Hareketi** ortaya çıkmış, ulusal ve Batılı gelişme, yeniden yoz bir 'telifçiliğe' dönüşmüştür.

Toplumculuğun sanat dışı baskılar altında tutulması bir yandan, içlemci öteki şiiri deneyen ozanların **Garip**'çilere katılması öte yandan, Türk şiirini tek tip bir şiir kılığına sokmuş, üstelik derinliğini, geleneksel sağlamlığını ve sesini yitirmesine yol açmıştır.

Yeni bir bileşim denemesi toplumsal gerçekçi yöntemle **Garip**'çilere karşı yapılmak istenmiş, yeni ozanların katılmasıyla başlangıçta başarılı da görülmüş, ne var ki sanat dışı baskıların işe karışması, Türk şiir tarihinde hiç görülmemiş bir yozlaşma dönemi demek olan **İkinci Yeni** döneminin başlaması sonucunu vermiştir. Yakın tarihimizin birinci yeni (**Garip Hareketi**) birinci diktanın, **İkinci Yeni** ise ikinci diktanın sanat düzlemindeki belirtileri olarak dikkati çekmektedir. İki diktanın soyutçu ve gerici özellikleri sanat akımlarında da vardır. Hiçbir şekilde ulusal değillerdir.

27 Mayıs Devrimi, Türk şiirini, yeniden toplumsal yöntemlerle ulusal özünü işlemek, giderek hem Türk, hem Batılı bir bileşim yapmak yoluna sokmuştur. Bu yolun üstünde okuyucu zaten ozanlarını beklemektedir. Yalnız edebiyat türleri değil, sanat türleri arasındaki etki ve karşıt etkileri ben olumlu bir yönden almak taraflısıyım. Zaten, ne denirse densin, bu türlerin birbirlerinden ayrıldıkları sınırları kesinlikle tespit etmek olacak iş değildir. Eğer söz konusu türler şiirden bir şeyler alıp götürmüşlerse, onun yerine mutlaka şiire bir şeyler de

getirmişlerdir. Hüner ozanın bu katkıları kavrayıp özümleyip yaptığına aktarabilmesinde. Ozan, çağının olanaklarına sağır kalırsa, yaptığı şey, verdiği ürün, çağının insanını etkilemez, bir bakıma çağının insanı da ozana sağır kalır.

Radyo, televizyon, sinema gibi araçları kullanmak şiirin de hakkıdır. Ben, artık bunlar var, şiirin fonction'u kalmadı kafasında hiç olmadım. Şiir de gelişiyor, o da önüne çıkan her fırsattan faydalanmasını bilmeli! Akıllı ve bilgili ozanlar yapmışlar bunu; doktor **Siegmund Freud**'un buluşlarını gerçeküstücü şiir ne de usturuplu kullanmıştır. **Marxiste** toplumbilimin verilerini toplumcu gerçekçi ozanlar nasıl da **esthetique** bir bileşim içerisine oturtuvermişlerdir. **Marinetti, Mayakovskiy, Apollinaire**'den bu yana endüstri uygarlığının öğeleri nasıl da şirin özüne kadar işlemiştir. Şimdi radyonun, sinema ve televizyonun getirdiklerinden yararlanmak da bizim işimiz. Becerebilirsek okuyucumuzla kontağımız kopmaz, beceremezsek "bermutad" suçu onun üstüne yıkar, kendimizi temize çıkardığımızı sanırız. Ama kim kendini uzun boylu aldatabilmiş ki?

Şiirin görevi eskiden beri ne idiyse odur, toplumsal ve insancıl bir görevdir bu, hem tek tek, hem toplu olarak insanları daha iyi bir yaşamaya götürmek, çağlarını kapsamalarına destek olmaktır. Bana sorarsanız, yığınlara seslenebilen araçlar, bu görevi yerine getirmek konusunda şiirin ayağını çelmez, tersine işini kolaylaştırır.

Şiir Sanatı, **Mayıs 1967**

2
milliyet sanat dergisi'nin
soruşturmasına cevap

Olağan galiba şöyledir: Derebeyi ekonomisinden pazar ekonomisine geçen toplum, toplumsal planda uluslaşma sürecini tamamlarken, sanat planında ulusal bileşimini yapar. Bu bileşimin yöntemi bilimsel yöntem, içeriği (muhtevası) uluslaşma sürecinin içinde taşıdığı çelişkilerdir.

Bu çelişkiler, ekonomiden toplumsal yaşantıya, oradan toplumsal psikolojiye, toplumsal psikolojiden de sanatçının psikolojisine yansır, oradan bir eser olarak çıkarlar. Sanatçının, sistemin iç çelişkilerinden şu ya da bundan yana olması, ulusallık niteliğini değiştirmez. Zira ulus toplumbilimsel bütün olarak (sentez olarak) o çelişkileri yapısında içerir.

Olağanı böyledir ya, bizde böyle olmamıştır. Derebeylik ekonomisinden pazar ekonomisine geçişimiz, yabancı mal üreticilerin yararına gerçekleşmiştir. Bunlar sömürgelere başarıyla uyguladıkları bir reçeteyi bize de uygularlar, uluslaşma süreci nasıl saptırılır, sömürgeleşmeye doğru götürülürse sanat planında uluslaşma da öyle yozlaştırılır. Batılılaştırmaya götürülür.

Tanzimat'tan bu yana Türk şiiri, bu dramın dışına çıkamamış, ulusal bileşimini arayacak yerde, Batılı bir şiir olmak düşünün ardına düşmüştür. Bu ilkin telifçi (**Tanzimat**) sonra taklitçi (**Edebiyat-ı Cedide**) eğilimler halinde görülür. Klasik nazmın çözülüşü ulusal nazmı yaratacak yerde, taklitçi ve yozlaşmış bir Batılı şiiri çıkarmaya çalışır. Gerçekte bu, öteki üstyapı kurumları gibi, şiirin de ulusal kalabalığından koparılması, yani öncü **intelligensia**'nın tarihsel kılavuzluk görevinin önlenmek istenmesidir. Önlenir. O kadar ki, Türk sanatçıları düpedüz başka kültürler için çalışırlar.

Cumhuriyet'le uluslaşırız, şiirimiz de uluslaşmaya heveslenir, fakat **Mustafa Kemal**'in ölümünden sonra, uluslaşmaya paralel olması gereken ulusal bileşim (terkip) çabası durur, yeniden taklit yörüngesine girilir. 1940 ve 1950 yıllarında beliren iki yenilikçi akım, **Garip** ve **İkinci Yeni** akımları, bu nitelikleriyle **Edebiyat-ı Cedide**'den farksız yabancı akımlardır. Yabancılıkları, şiirin geniş okur yığınlarına dağılmasını engellemiştir. Oysa, yapılması gereken, bilimsel yöntemle ulusal bileşimi aramak, bunun için de çağdaşlaşmayı şiirde, önceki şiir halkaları üzerinde yeni koşullara uygun bir halka olarak bağlamaktı. Yapabildiğimizi pek sanmıyorum.

Türk şiirini izleyen bir okur için durum, hep eski ve aynı filmleri gösteren bir sinema gibidir. Ortalıkta adı dolaşan şairler, 40 ya da 50 kuşağının şairleridirler. Bunlar edebiyata Batılı olmak niyetiyle girmiş, dehşetli Batı taklitçileri olmuş, devran döner gibi olunca da toplumcu bir şiir hevesine kapılmışlardır. Ne var ki, yöntemi bilmez, yenileşmenin içerikte (muhtevada) olması gerektiğini kestiremezler, bu yüzden ufak tefek değişiklikleriyle saltanatlarını sürdürmeye uğraşırlar. Çoğu dil bilmez, bilenler ya okumaz ya da gereksiz şeyler okur, bu da fikir üretimlerini, bileşim güçlerini düşürür. Yaşlandıkları için heyecanları körelmiş, imge düzenleri kalıplaşmıştır. Kolaylıkla bin mısra döktürebilir, fakat okurda tek heyecan uyandırmazlar... Bu arada daha müthiş bir şey olmuş, Türkiye ulusallaşmasını endüstrileşmeye doğru geliştirmiştir. Bunun koşullardaki (içerikteki) değişikliklerini bu eski toprak şairleri algılamayacak kadar kemikleşmiş, algılayabilseler bile **"esthetique"** denklemlerini çözemeyecek kadar tembelleşmişlerdir. Şu içinde yaşadığımız çoraklıktır işte, lafta güçlü şairlerimiz vardır, ama ülkenin bütünü tanımaz, etkileri hiç mesabesindedir, yine de onlar eş dost kollamasıyla büyük şairliklerini sürdürür, hatta dengini düşürürse otuz beş milyonluk bir ülkede üç tartışılabilir oyla resmen "şair-i azam" seçilirler. Şiirde ulusal bileşimimizi gençler başaracaklar.

Hani bazı siyasal iktidarlar ömürlerini belirli olağanüstü durumların sürmesine bağlı görürler, bu yüzden de içgüdüsel olarak olağanlaşma eğilimlerini önlemeye çalışırlar; şiirimizin Olimposu da statükoyu korumak eğilimiyle yenilere o kadar da fırsat vermemek yolundadır. Bir meraklısı kurcalasın bakalım, dergilere ne kadar yeni şiir gelir, ne kadar yayın olanağı bulur? Ya da neden dolayı yayımlananlar piyasa **"conformisme"**ine en uygun şiirler arasından seçilir?

Genç kuşağın şairleri yukardan ağır bir baskı altındadırlar. Bunu, biri nesnel, biri öznel iki örnekle tanıtlayacağım: Has edebiyat alanına çıkmamak gençlerin çoğunu alt-şiir kanallarına itmekte, gündelik gazetelerde, magazin dergilerindeki şiir sayfaları içinde bir sürü değerlisi de olan imzalarla dolup taşmaktadır. Acaba bu gençlere gerekli ilgi gösterilse, hepsi bu yavanlık yolunu tutarlar mıydı? Bu nesnel örnek, özneli de şu: Çalıştığım gazetede haftada bir "edebiyat/sanat" eki veriyoruz... Yazar ve şairlerin tanınmamış olması şart. İki yılda 70 civarında ele gelir imza çıkardık, 10 kadarı daha şimdiden en kabadayı şairlerle aşık atabilirler, yarın öbür gün mutlaka edebiyatımızda isim olanları çıkacaktır, oysa dergilere başvurduklarında çokluk ilgi görememişlerdi.

Gençleri bekleyen tuzaklar da az değildir hani: Bir kere Batıcılık tuzağı var ya, onun tam karşıtı da var. Ulusal bileşime malzeme toplayacağım diye eski sanatımızı öğrenirken, bu defa o sanatı bu koşullar içinde yineleme hatasına, bileşim dinamiğini unutup "tekrar" tekdüzeliğine düşmek. Bir de toplumcu şiir vereceğim diye akıl almaz sloganları ardı ardına sıralamayı, handiyse bir çeşit "yığma inşaat" yapmayı bırakmalıdırlar. Sonra kendilerini Halk şiiri malzemesiyle kısıtlamaları, Divan şiirini tüketim şiiri diye bir kenara atmaları yanlıştır. Halk şiiri nereden üretim şiiri oluyormuş bir bilsek. Bizde âşıklar köy köy gezen abdallardır ki, üretime fiilen katılmadıktan başka, üstelik köylülerden geçinirler. Yok, üretim eğer yazdıkları şiirse –ki bu doğrudur– aynı üretimi Divan şairleri de yapmaktadırlar... Onlar da belirli bir ümmet toplumu bileşiminde, üstyapının önemli bir bölümünü oluşturmuşlardır. O kadar ki Halk şiirini de bir güzel etkilemişlerdir. Demek, okuma yazması bile kıt olan âşıklara kadar ulaşabiliyorlarmış! Bu bakımdan, genç şair, ulusal bileşimini ararken kendini özgür hissetmelidir. Özgür, dinamik ve cesur. Gerisi kendiliğinden gelecektir.

Milliyet Sanat Dergisi, **2 Mart 1972**

3
tutuklunun günlüğü üzerine
attilâ ilhan'la konuşma

(Son yirmi-yirmi beş yıldan bu yana, sanatı, düşünceleri ve edebi eylemi üstüne en çok tartışılan sanatçılarımızdan biri de şair Attilâ İlhan'dır. Otuz yıldan beri toplumcu bir görüş açısını sanat düzeyinde geliştirme çabaları gösteren ve bu konuda tartışma götürmez bir başarı çizgisine varan Attilâ İlhan, toplumculuğun özgürlükçü yorumuna bağlı bir sanatçıdır. Son yıllarda üst üste verdiği düzyazı yapıtlarından [*Hangi Sol, Hangi Batı* ve *Bıçağın Ucu*] ansızın şiire dönmüş, birer hafta arayla ilk şiir kitabı *Duvar*'ın yeniden genişletilmiş üçüncü basımıyla, son kitabı olan *Tutuklunun Günlüğü*'nü yayımlamıştır. Sanat ve edebiyat ortamında, sanatçının adını yeniden ön plana çıkaran bu olay dolayısıyla şair ve romancı Attilâ İlhan'a bazı sorular yönelttik. Sanatçının ilginç karşılıklarını *yeni ortam* okurlarına sunuyoruz.)

— İki şiir kitabının birbirini izlemesi bir tesadüf mü, yoksa önceden kararlaştırılmış bir şey mi?

— Biraz tesadüf, birazı kararlaştırılmış bir şey: Gerçekte *Duvar*'ın üçüncü basımı sonbahar başlangıcında, *Tutuklunun Günlüğü* ise daha kışa doğru çıkacaktı, fakat basımevinde işkolu düzeyinde beliren bir grev olayı yayınevinin programında değişiklikler yapmasını zorunlu kılmış, bu yüzden iki kitap birbirinin ardından çıktılar. Bu işin raslantı yanı! Hesaplı yanına gelince, o da şu: Son şiir kitabımı, ilk şiir kitabımın yeni basımının ardından yayımlamak istiyordum, böylelikle bir sanatçı olarak otuz yıl farklı bu şiirler arasındaki yöntem ortaklığını, heyecan birliğini, toplumsal sorumluluk duygusunu Türk okuruna yansıtmış olacaktım. Kitapların az bir aralıkta birbirini izlemesi, bu isteğimi tahmin ettiğimden daha etkili bir biçimde gerçekleştirdi sanırım.

— *Duvar*'ın ardına eklediğiniz "Meraklısı İçin Notlar", Türk şiir okuru için bütünüyle bir yenilik anlamını taşıyor, bundan amacınız nedir?

— Bazı şiirler, hele toplumcu ozanların yazdıkları, yazıldıkları ortam, yayımlandıkları koşullar bilinmezse, biraz köksüz, biraz soyut gibi görünürler. Genç okurların *Duvar* dönemi koşullarını hiç bilmediğini, yaşlılarınsa unutmuş olabileceğini göz önünde tutarak, "Meraklısı İçin Notlar"da o dönemi, o ortamı, o koşulları hatırlatmaya çalıştım. Bu biraz da özeleştiri gibi bir şey oldu, hatta işin içine bazı anılar da karıştı, ama böyle oluşundan pişman değilim: Her zaman yaptığım gibi her şeyi açık açık söyledim, böylelikle edebiyat tarihçisinin işini de hayli kolaylaştırmış oldum. Zira, "Taşkın Geldi" gibi bir şiirin, 4 Aralık olayını simgesel olarak anlatmak için yazılmış olduğunu bir okuyuşta anlamak kolay değildir.

— Son yıllarda toplumcu şiir alanında adlarından söz edilen bazı ozanların, bu arada Enver Gökçe ve Ahmed Arif'in *Duvar*'ın ikinci basımı için yazdığınız önsözde, daha 1959'da sizin tarafınızdan anıldığı, eserlerinin yayımlanmasının önerildiği görülüyor, bu konuda bilgi verir misiniz?

— "Mavi" hareketinden itibaren, toplumcu şiirin ve sanatın boğuntuya getirilmek istendiğini, şehirli küçük burjuvaziye bağlı "Garip" sonra da "İkinci Yeni" ozan ve yazarlarının bu sanatçıları silmek için ellerinden geleni yaptıklarını ben ileri sürmüş, savaşını vermişimdir. Bu arada adı silinmek istenenleri inat ve ısrarla ortaya sürmem tuhaf bile karşılanıyordu. Hatırlarım, delikanlı bir yazar, 60 yılında mı ne, benimle röportaj yapmaya gelmişti, sıra geleneksel "beğendiğiniz ozanlar" sorusuna gelince, ben bu eski toplumcu ozanları bir bir sıraladım, çocukcağız hemen hiçbirisini tanımadığı için apıştı kaldı. Enver Gökçe'nin ve Ahmed Arif'in nihayet yayın alanına çıkmış olmaları, hak ettikleri ilgiyi görmüş olmaları beni son derece sevindirmiştir. Böylelikle *Duvar*'ın ikinci basımına yazdığım önsözdeki dilek gerçekleşmiş oluyor. Şimdi bu yetenekli ozanlara düşen görev, yeni şiirlerle eserlerini daha da güçlendirmeleridir.

— *Tutuklunun Günlüğü*'nde "teleks" adını taşıyan şiir, kitabın öteki bölümlerini yapan şiirlerden gerek özü, gerek biçimiyle ayrılıyor. Anlaşıldığına göre, ajans haberlerine dayanarak bir şiir denemesi yapmak istemişsiniz, acaba sanımız doğru mu?

— Bir yere kadar doğru. Şiirin çatısı gerçekten ajans telgrafları biçimi temel alınarak çatılmıştır. Aslında iletişim olanaklarından yararlanarak basın, radyo, televizyon yoluyla dünyanın dört bucağında geçen olayların toplumcu eleştirmesini yapmaya gayret ettim. Okur bu bölümü okurken bir yandan gazete okuru niteliklerini, bir yandan şiir okuru niteliklerini kullanmak zorunda kalacaktır. Öyle ki, haberleşmenin, büyük şirketler ve ekonomi tekelleri dünyasının, kişilerde somutlaşmış sapmaları ve yabancılaşmaları, bir gazete haberi niteliğiyle belirirken, bu aynı zamanda, uluslararası sömürü düzeninin yapısını ve işleyişini yansıtmaya yarayacaktır. Tabii, becerebildimse.

— *Tutuklunun Günlüğü* aslında *Belâ Çiçeği*'nde başlamış, *Yasak Sevişmek*'te devam etmiş olan, geleneksel Türk şiirinden yararlanma ve yeni bileşimler deneme çabanızın doruğuna vardığı kitap sayılabilir mi?

— Yargılaması bana düşmez, yalnız bu sorunla ilgimi herkes biliyor: kitapta otuz yıldır ülkemizde, kıyısından köşesinden herkesin yaşadığı toplumsal dramlar, başka bir deyişle çağdaş bir içerik, geleneksel şiirimizin sağladığı ses olanakları, biçim olanakları yenileştirilerek verilmiştir. Bence pekâlâ da olmuştur. Buradaki gazel elbette Divan edebiyatının gazeli, buradaki kaside Divan edebiyatının kasidesi değildir. Zaten olması da gerekmez, zira tutuculuk başka koşullara ait çözüm şekillerinin yeni ve değişik koşullarda da geçerli sayılmasıdır. Çok şükür böyle bir tutumdan uzağım. Çağdaş koşullar kendi çözümlerini getireceklerdir elbet, ama bu çözümler yabancıdan aşılanarak olmayacak, yerliden geliştirilerek bulunacaktır. *Tutuklunun Günlüğü*, bir yerde, bu geliştirme çabalarına katılıyor.

— Şiir ortamımızdaki durum konusunda ne düşünüyorsunuz?

— İki şeye son derece canım sıkılıyor: Zamanında toplumculuğa handiyse tükürmüş ozanların şimdi bu işin çilesini çekmişlerin önüne geçmeye çalışmasına, bu yolda bazı yardakçılar da bulabilmesine! Bir de toplumcu sayılan ozanların arasındaki çekişmeye, çekememezliklere. Ayıptır bunlar. Gençlere örnek olunması gerekir. Toplumcu sanatçılar arasında fikir ayrılıkları, tartışmalar, ne olursa olsun, bir usta çırak saygısı vardır ki, bunun gelenekselleşmesi şarttır. Ben kendi hesabıma toplumculuğun anlaşılışı ve konuluşu yönünden çoğu kendine özgü fikirler öne süren bir sanatçıyımdır. Hep de böyle olmuş, sırasında sert tartışmalara girmişimdir ama hiçbir zaman hiçbir toplumcu yazara ya da ozana saygısızlık ettiğim görülmemiştir, görülmez. Toplumcu sanatçı göreneği bunu gerektirir.

Konuşan: Zühtü Bayar
Yeni Ortam, 1 Aralık 1973

4
milliyet sanat dergisi'nin
soruşturmasına cevap

Türk ozan kuşaklarının gelişme düzeni tek parti diktası yıllarında, kimi ozanların yolu kapatılmak, kimilerininki açık tutulmak yoluyla bozulmuştu. Biz, bunun acısını çekmişizdir. O kadar ki, bizim akranımız olan bazı ozanlar "resmi" antoloji ve edebiyat tarihi kitaplarında yerlerini fazlasıyla alırken, genç toplumcu ozanlar bile bile unutulmuş, unutturulmuştur. Giderek bu yeni yetişenlerin tek doğrultuda yetiştirilmesi, hepsine aynı şiir yönteminin verilmesi biçimini aldı. Genç bir ozanın adını duyurabilmesi, sesini işittirebilmesi, şiirlerini yayımlatabilmesi için, o tarihte "resmi" yeni bir şiir sayılan **Orhan Veli** ağzıyla şiir yazması, bu ağıza yatması baş koşuldu. Bu sultaya ilk karşı çıkışı **"Mavi"** dergisi çevresinde toplananlar denemişler, böylelikle toplumcu bir ozan kuşağının yeniden belirlenmesine olanak hazırlamak istemişlerdir.

Sonradan, çeşitli baskılarla bu çıkış da yozlaştırılmıştır. **İkinci Yeni** soytarılığına bir bakıma **Orhan Veli** kuşağının artıkları sahip çıkmışlar, bir bakıma bizim kuşağın yozlaşmış adları katılarak kendilerine güç katmak istemişlerdir. Bence, yeni yetişen ozan kuşağının bundan öncekilerden en büyük farkı, doğrudan doğruya toplumcu olarak yetişmelerinde beliriyor. Gerek **Garip** şiirlerinden gerekse **İkinci Yeni** sululuğundan şiirimize bulaşmış, hâlâ daha bazı yayın organlarının sinsi sinsi Türk okuruna gerçek Türk şiiriymiş gibi yaymaya uğraştığı biçimci estetik, yeni delikanlıların hiç rağbet etmediği yoz bir oyundur artık. Şiir gerçek yerine, toplumsal estetiğin hareketli imge temeline oturtulmuştur. Ozan, şiirini toplumsal sorumluluğunu içinde duyarak dokumaya başlamış, gür sesiyle gelmiş geçmiş toplumcu ozanlar korosuna katılmıştır.

Şimdi yetişenleri, başka düzeyde, iki sapma tehdit etmektedir. Bunlardan birisi, biçimcilikten kurtulup öteki aşırılığa, slogan ve bildiri şiirine düşmek kolaylığı, ikincisiyse küçük burjuva ozanlarına vergi çekememezlik ve dedikodu niteliklerini farkında olmadan benimseyerek birbirlerine düşmek yanılgısı. Bu iki önemli tehdide düşmez, yöntemlerini akıllıca kullanırlarsa, besbelli gençlerimiz zehir gibi ozanlar olacaklardır. Ben kendi hesabıma **Necati Yıldırım**'ı, **Hüseyin Yurttaş**'ı, **Aydın Yalkut**'u, **Arif Karakoç**'u, **Erol Çankaya**'yı ve **Aykut Poturoğlu**'nu severek izliyorum.

Milliyet Sanat Dergisi, **29 Mart 1974**

5
attilâ ilhan'la şiir üzerine konuşma

— Bir mektubunuzda, "Toplumcu sanatı, estetik gereklerini unutmadan ele alıp eleştiren inceleme ve araştırmalara çok muhtacız. Ne hikmetse toplumcu yazarlar, özgürlüğü birbirine çatmak, birbirlerini karalamak için ister gibidirler. Bu kötü alışkanlığa bir son vermek, toplumculuk için yazılmış tek mısraı bile hakseverlikle değerlendirmek zorundayız," diyorsunuz. 1 Aralık 1973 günü *Yeni Ortam* gazetesinde Zühtü Bayar'la yaptığınız konuşmada da aynı düşünceleri savunduğunuz görülüyor. "Toplumcu sanatçı göreneği"nin bu denli bozulması, acıdır ki, egemen güçlerin işine yaramakta ve üstelik genç sanatçıları da etkilemektedir. "Toplumcu sanatçı göreneği"ni açarak, öneri ve düşüncelerinizi söyler misiniz?

— Toplumcu sanatçı, yalnız halkına karşı sorumlu değil, kendinden önceki, kendinden sonraki kuşağa da sorumlu. Bir yandan sanatın kendinden önceki ustalarına çıraklık edecek, öte yandan kendinden sonra yetişmekte olanlara ustalık. Görenek bu. Toplumcu sanatçıların genellikle küçük burjuvalarda görülen çekememezliklere düşmesi, kendinden öncekileri karalaması, kendinden sonrakileri küçümsemesi, elinden tutmaması, her şeyden önce onun toplumcu sanatçı bilincine henüz ulaşamadığının kanıtıdır. Has toplumcu sanatçı, dediğim göreneğin gereklerini, davranışlarında somutlaştırır.

Hadi bir örnekle konuşalım: Nâzım bir yanıyla kendinden önce, hatta kendisiyle birlikte yetişmiş olan ünlü toplumcu ozanlara saygısını sürekli olarak belli etmiş (sözgelişi Neruda'ya, Nezval'la, Mayakovski'ye vs.), bir başka yanıyla kendinden sonra gelenlerin elinden tutmaya, onları yetiştirmeye, tanıtmaya çalışmıştır. Bugün çok az insanın adını bildiği ozan Nail V. onun yardımcı olduklarından biridir. O kadar ki, Nâzım, Nail V. ile birlikte bir kitap yayımlamış, adını da: *Bir Artı Bir Eşittir Bir* koymuştu. Bu kadarla da kalmaz, uzun cezaevi yıllarında Orhan Kemal'in, Kemal Tahir'in, Balaban'ın ortaya çıkması, yetişmesi için elinden geleni yapar. Demek ki görenek, toplumcu sanatçıların karşılıklı bir saygı ve sevgi ilişkisi içinde bulunması, eleştirilmelerini yöntemin gerektirdiği ciddilikle bir arada yürütmesi doğrultusundadır.

Benim son zamanlarda sözü sık sık buraya getirişim, göreneğimizin yozlaştırıldığını sezer gibi olduğumdan ileri geliyor. Sözgelişi ben, yetişmemde emekleri geçen ozanları (Ömer Faruk Toprak, Rıfat Ilgaz, A. Kadir, H.İ. Dinamo) hem birer ağabey, hem birer usta olarak daima saymış, edebiyat alanında son derece şiddetli kalem tartışmalarına girdiğim halde onlardan söz ederken daima önümü iliklemişimdir. Kendi yaşıtlarım arasında sayabileceğim Enver Gökçe, Ahmed Arif gibi ozanların yazı hayatından uzak kalmasını bir türlü içime sindirememiş, gerektikçe yeniden yazmaları, eserlerini yayımlamaları gereğini dergilerde, kitaplarımın önsözlerinde, benimle yapılan konuşmalarda belirtmişimdir.

— Son zamanlarda Türk şiirinde hapishane etkilerini araştırıyorum. Bu arada gördüm ki, kimi olumsuz adlar, toplumcu şairlerin belleklerinden silinmemektedir. Sözgelimi "Parmaksız Hamdi", "Sansaryan Hanı" bu unutulmayan adlar arasındadır. Tutuklama, yargılama olaylarıyla ilgili anılarınızı anlatır mısınız?

— Sanatçı tutuklanmak ya da hüküm giymek gibi durumlara düşerse, bunun etkilerini yazdıklarında gösterir, böyle olması hem akla daha uygundur, hem de devrimci terbiyesine. Türkiye'de sanatçıların fikirlerinden dolayı tutuklanması yeni bir olay değildir. Hanidir sürüp geliyor. Her sanatçı da iyi kötü yaşantısından bir estetik bileşim çıkarmaya çabalamış, böylelikle kuşağının özgürlük ve toplumculuk uğraşını gelecek kuşaklara aktarmaya gayret etmiştir. Fikrimce mapusane ya da tutukluluk gerçeğini kendi kişiliğinin odağında yoğunlaştırması, sonuç olarak sanatçının toplumsallığından çok bireyselliğini, kişisel bunalımının altını çizme hevesini gösterir. Bu bakımdan ben, çekilenlerin nesnel düzeyde anlatılmasından yanayım. Öyle de yapıyorum: Gerek romanlarımda, gerekse şiirlerimde, siyasal eylemlerin çeşitli yönlerden ele alınıp tartışıldığı görülür. Psikolojik yönden, cinsel yönden, toplumsal yönden vs. galiba doğrusu da budur.

Anı anlatmayı bu yüzden istemiyorum, yalnız üstümde büyük iz bırakmış iki olayı kısaca kaydedeyim:

a) İlk tutukluluğumda on altı yaşımı sürüyordum. "Akli muvazenemin yerinde olup olmadığını" anlamak için beni müşahede altına aldılar. Bunu, beni kurtarabilmek için avukatım istemişti, ama sonucu müthiş bir şey oldu: Manisa Tımarhanesi'ne gönderildim, birkaç hafta orada iki yüz küsur delinin içinde yaşadım.

b) Sansaryan Hanı'ndaki tutukluluğumun birinde de, çok uzun süre kapalı kalmaktan yüksek sesle konuşma alışkanlığını yitirmiş bir sendikacıya rastlamıştım. Bu bana öteki maddi işkencelere oranla çok daha müthiş bir şey gibi görünmüştür.

— *Duvar*'ın önsözünde, coşkulu bir anlatımla "Biz harp çocuklarıyız. Bunalımların anaforundan geliyoruz.

Yüksek gerilimler yaşadık. Dünyanın, ülkemizin, kendi kendimizin devrimlerini, değişimlerini gördük. Bu sancılar ve çarpıntılar sonunda şiirimiz de bazı bir yumruk kadar sert ve haşin, bazı bir tokat gibi patlayıcı, bazı da yoksul bir yürek gibi içli ve mahzun oldu," diyerek şiir serüveninizi sergiliyorsunuz. Siyasal iktidarların şairlere uyguladıkları baskılar, şiirin toplumsal gelişimi hızlandıran bir işlevi olduğunu da kanıtlıyor diyebilir miyiz?

— Türkiye'de devrimci ozan geleneği, bir bakıma öbür ülkelerden daha köklüdür. İki yüzyıldır Türk ozanları kesinlikle siyasal eyleme karışmış, bu yüzden de türlü belâlara uğramıştır. Namık Kemal, Tevfik Fikret, Nâzım Hikmet çizgisi, aynı zamanda Türk devrimci şiir geleneğinin çeşitli aşamalarını gösteren güçlü bir çizgidir. Bu gelenek, siyasal iktidarların ülkemizde devrimci eylemin ozanın payına düşen kısmıyla gereğinden fazla ilgilenmesine yol açmamış mıdır, ben hep kendi kendime sorarım. Hele devrimlerin aslında ekonomik tabanda, toplumsal ilişkilerden meydana gelen önemli değişikliklerin, büyük birikimlerin sonucunda gerçekleştirildiklerini öğreneli beri. Yeni kuşak farkına vardı mı bilmem ama bizim kuşak, yöneticilerin düştükleri bu hatayı handiyse paylaşır, şiir yazarak düzeni değiştirebileceğini basbayağı umardı. Her ne kadar Gramsci'den bu yana altyapı üstyapı ilişkilerini daha başka bir gözle görüyor, inceliyorsak da, yine de estetik düzeydeki bir şiir eylemiyle patırtılar yaratabilmek bana gereğinden fazla iyimserlik ya da kötümserlik gibi görünüyor.

Konuşan: Ahmet Uysal
Yeni Ortam, **21 Temmuz 1974**

6
tdk şiir ödülünü kazanması üzerine,
a. ilhan'ın "sorusuz karşılıkları"

"... Bana kalırsa, ozanın diyalektiği ne yalnız kendisiyle, ne yalnız toplumsal koşullarıyla belirlenmiş; bu işin, handiyse **cosmique** diyebileceğim evrensel bir yanı var: Evren, evrenin içinde doğa, doğanın içinde toplum, toplumun içinde ozan diyorsak, ozanın duyargalarıyla toplumdan olduğu kadar, doğasından ya da evreninden duygu ve izlenim birikimleri de aktaracağını benimsemek zorundayız.

"Başlayan günün geceyi de içermesi, yazın içinde kışın da gelişmesi **cosmique** (evrensel); tohumun ormanı taşıması doğal çelişkilerdir demek; sonra da toplumsal çelişkileri bir başına varmışlar gibi bunlardan soyutlamaya kalkışmak, **dogmatisme**'i en kaldıramayacak bir yöntemin uygulanmasında basbayağı **dogmatisme** yapmaktır.

"Bilmiyorum, beni şiir evrenimi uzay ufuklarına değin genişletmeye, bir yandan birey içi karşıtlıkları yansıtmaya çalışırken, öte yandan evrensel çelişkilerin kıvılcımlarını biriktirmeye iten bu düşünceler midir? Yalnız insancıl bir şiir estetiğinin ancak evren içindeki yerine oturunca büyüyebileceğini anlayalı, Türk toplumcu şiirine slogan ve günlük siyasal eylem çizgisini aşan derinlemesine bir diyalektik, bir **macro-cosmos** boyutu getirmeye çalıştığım doğrudur. Oluyor olmuyor, başarıyorum başaramıyorum, o ayrı sorun; önemli olan, toplumcu estetiğin imgesel yöntemi içersinde, maddenin sıfırdan sonsuza gelişme sürecini, kasaba politikacısı ya da bilgiç fıkra yazarı ukalalıklarına düşmeden vermek zorunluluğunun ortaya konması ve anlaşılması!

"Hem bu, bir başka şey daha getiriyor; sınıflar, toplumlar arası çelişkilerin yanı sıra, şiir içeriğinin uygarlıklar arası çelişkiler düzeyinde genişlemesi: O zaman, insan var olalı şiire girmiş, ölüm, sevi, çoğalmak, geride iz bırakmak sorunları, hem toplumsal boyutları içindeki yerlerini alıyorlar, hem de evrensel ve tarihsel gelişme süreçleri içindeki aşamalarıyla, bu aşamaların baş döndürücü çelişkileriyle görünüyorlar.

"Nasıl bireyin iç çelişkilerinin estetiğine diyalektik yaklaşım bireycilik değilse, insanı uygarlıktan uygarlığa kovalamış kalın ve aşınmaz sorunların kördüğümüne diyalektik yaklaşım da metafizik değildir. Tam tersine, nedense belirli bir zaman ve yer için önerilmiş, belirli bir toplumsal çözümün **dogmatique**'ine indirgenmiş şiirin, yöntemin gereği ve görevi olan evrensel dinamiğe yükseltilmesidir."

"... Şiirimiz yoksuldur, işin acısı bu yoksulluk duygusal değil, entelektüel bir yoksulluktur. Çağdaşlaşma zorunluluğunun, Batılılaşma diye anlaşılması yanılgısı, ozanı klasik şiir varlığından uzaklaşma yoluna sürüklemiş, giderek Batı şiirinden çeviri bir şiir deyişi yeni Türk şiiri sanılmak dramına varılmıştır. Hiçbir iç uyumu, ses zenginliği olmayan, sözde doğal söyleyişin yalınlığını getiren bu tutum; lafı şiir yapan özellikleri atmayı ustalık, tümceleri devrik söylemeyi dize sanıyordu. 40 yılları boyunca 'resmi' şiir tutumumuz, Batılılık adına bu, Anadoluculuk adınaysa halk ozanı hececiliğine öykünmek olmuştur. Bu toplumcu ozanların da sık düştükleri bir yanlış, onun için ilkin sorunun nasıl konulacağını aramak gerek.

"Türk Halk şiiri, Türk toplumunun 10. yy'dan 20. yy'a değin yaşadığı altyapısal gelişme sürecinin üstyapıdaki yansımalarından birisidir; bu nedenle de Divan edebiyatını belirleyen etkenler hangileriyse, onlardan etkilenmiştir. Kaldı ki Divan şiiriyle Halk şiiri, Divan musikisiyle Halk musikisi arasındaki farklar çoğumuzun sandığı gibi niteliksel değildir, derece farklarıdır: Halk türküsü ayrı bir musiki evreninin ezgi düzenini getirmez, Divan makamlarının evreni içindedir, onların ilkelidir; halk şiirinin de Divan şiirinin ilkel düzeydeki belirtisi oluşu gibi: Halk ozanı, halk olduğu için öyle yazmıyor, elinden o kadar gelebildiği için öyle yazıyor. Aksini düşünmek, bugün de aynı ilkel kurallara uygun şiir söyleyen ozanların birer **naif** gözüyle görülmemesi, gerçek ozanlara oranla asıl Türk ozanları sayılması gerekirdi. Türk halk şiiri içerik olarak da çokluk çağının gerisinde, Divan şiiri gibi tekrarı ve kalıbı bol bir şiirdir. Şu halde bu şiirden yararlanmak da Divan şiirinden yararlanmak gibi, ulusal ve çağdaş bir bileşim arayan ozan için zorunlu fakat yetersizdir. Divan şiirine karşı Halk şiirini ileri saymak, **Ahmet Kutsi 'populisme'i** değilse, önemli bir yöntemsel yanılgı olmalıdır.

"Ulusal Türk şiir bileşimi, ulusal Türk koşullarından çıkacak. Ne demek bu, önce ozanın ulusal Türk koşullarını algılaması gerektir demek. Yoksulluğun kendini bütün acılığıyla gösterdiği alan da burası işte; Türk bilim adamı ülkesinin bilimsel açıklamasını tam olarak yapmamıştır henüz; enstitülü ozanların, onlara uyarak nice toplumcuların yoksullukçu bir populisme (**populisme miserabiliste**) yapmaları, bir üstyapı aracı olan eğitimle ülkeyi kalkındıracağım sanan bilim adamlarımızın yanılgılarından doğmamış mıdır? Biçimsel, hatta **graphique** bir estetik çaba olan **İkinci Yeni**, toplumculuk moda olur olmaz, bazı bilgisi bol ve kullanışlı eleştiricilerimiz olmasaydı, kendisini toplumcu ilan edebilir, yine de biçimciliğini sürdürebilir miydi?

"Türk ozanı da, her Türk aydını gibi, her şeyden önce düşünce ufkunu genişletmek, yöntemini iyi öğrenmek, uygulamasını iyi bilmek zorundadır. Yoksa daha çok zaman metafizik, hatta **mystique** tekerlemelerini 'seri halinde imal eden' ozanları ilerici, Köroğlu tipi bir eşkıya edebiyatını yanlış heyecanlarla geliştiren küçük burjuva yiğitlerini toplumcu sanırız."

"... *Tutuklunun Günlüğü*'nde yukardan beri sıraladığım düşüncelerin ışığında, kendi başıma giriştiğim estetik yöntem uygulamalarının sonuçları görülüyor. Kitap iki bölümde ele alınabilir, birinci bölüm yeryüzü boyutları içerisinde ekonomik sömürü olayının, hem siyasal, hem toplumsal, hem de bireysel çelişkilerle verilmesi deneyidir; böyle bir deneye denk düşeceğini sandığım bir teleks haberi düzeniyle yazılmış, dille haber tekniğinin özellikleri kullanılmıştır. İlk bakışta, tek tek bir milyarder kadının, ya da bir eski Amerikalı generalin kişisel (hatta belki cinsel) serüvenleri gibi görünen şeylerin, dibi kurcalandıkça çokuluslu şirketler gerçeğinden, üçüncü dünyanın sömürüsüne değin uzanan, kapitalist ülkelerin geçirdiği bunalıma ilişen bir derinlik kazandığı fark edilir. Şiirin özelliği, yöntem uygulamasının laflarda değil, sorunun konumunda belirmesidir. Düşünceme göre, gerçek toplumcu şiirin böyle olması gerekmektedir.

"Öteki şiirlerde geçmiş şiirimizden ses esinlemeleri, çağdaş bir içeriği deyimlemek için kullanılıyor. İncesaz bölümünde, Türk musikisi makamlarının ritmi ve geçidi sırasında, 12 Mart sonrası bunalım günlerinin bütün acılığını sergilemeye çalıştım. **Zincirleme Rubailer**, yine çok boyutlu olarak insana, topluma ve uygarlıktan uygarlığa devredilmiş büyük sorunlara diyalektik bir yaklaşımın çeşitli görünüşleridir. Benzer çalışmalar, türlü çeşitlemelerle, kitabın son bölümünde de sürdürülüyor; bu arada, bizim kuşağın 40 yıllarında yaşadığı, ama başka bir kuşağın 20 yıllarında yaşamış olabileceği gibi, bir başkasının 80 yıllarında yaşayabileceği bir 'kapatılmak' dramının görüntüleri veriliyor."

"... Hayır, yeni şiir kitabı yok! Belki *Tutuklunun Günlüğü*'nün ikinci basımını yayımlarım, böyle olursa *Duvar*'da yaptığım gibi, onun da arkasına bir "Meraklısı İçin Notlar" bölümü eklemeyi düşünüyorum: Hangi şiirin hangi koşullar altında yazıldığını, yayımlandığını anlatan, biraz da özeleştiri havasını taşıyan bir bölüm olacak bu! *Duvar*'da yaptığımın genellikle uygun karşılanması, öbür şiir kitaplarımın yeni basımlarında da aynı şeyi yapmamın doğru olacağı fikrini verdi bana."

Türk Dili, 1 Aralık 1974

7
"gerçek türk şiiri 1950'den sonra patlamıştır"

Attilâ İlhan geçtiğimiz cuma günü Ankara Sanatsevenler Derneği'nde Türk ve Dünya şiiri üzerine görüşlerini açıkladı. Türk şiirinin gelişmesini örnekler vererek anlattı.

Kalabalık bir meraklı kitlesi önünde konuşan Attilâ İlhan, gerçek Türk şiirinin divan ve halk şiirinin sentezine varılarak oluşturulacağını söyledi. Bu arada "Köylü Şiiri"nin Türkiye'de halk şiiri diye empoze edilmesini eleştirerek, bu türde şiir verenlerin yanlış yolda oldukları görüşünü savundu. İlhan'a göre; Türk Şiiri, Cumhuriyet dönemi ile birlikte kurumların acele Batılılaştırılmasına koşut olarak Batıcı bir biçim ve öz kazanmıştı. Konuşmacı bu konuda özellikle Nâzım Hikmet'in ve Orhan Veli'nin Batıdan etkilendiklerini örnekler vererek anlattı. Fakat Nâzım Hikmet'in daha sonra tür değiştirerek, halk ve divan şiiri sentezine vararak Batı şiirinden koptuğunu açıkladı; buna karşılık Orhan Veli ve arkadaşlarının başlattıkları "Garip hareketi"nin gerçek anlamda toplumcu şiiri susturduğunu ileri sürdü. İlhan'a göre; Garip hareketiyle konular basite indirgeniyor, sanatçı ve kişiler Türkiye'nin sosyoekonomik yapısal gerçeklerinden soyutlanıyordu. Bu hareket Nurullah Ataç gibi "İnönü Atatürkçüleri" tarafından destek görüyordu. Bu arada bir soru üzerine Attilâ İlhan, Orhan Veli'nin son yıllarında gerçekleri gördüğünü, tür ve anlatım biçimi değiştirmek için çaba harcadığını, ancak bunu yapamadan genç yaşta öldüğünü söyledi.

Konuşmacı, Garip hareketine karşı, kendisinin de içerisinde bulunduğu, Ahmed Arif, Enver Gökçe, Şükran Kurdakul ve öteki bazı şairlerle başlatılan "Mavi hareketinin" CHP'nin şiir siyasasına karşı tepki olarak doğduğunu belirtti ve "Bunu yaptık, ancak Nurullah Ataç başta olmak üzere bütün herkesi karşımızda bulduk," dedi.

İkinci Yeni hareketinin önceleri toplumcu bir tavır taşıdığını, ancak sonradan biçimci ve espriye dayanan bir akım haline dönüştüğünü söyleyen İlhan, İkinci Yeni hareketinin yanlışlığının anlaşılması üzerine bu kez daha ters bir durum ortaya çıktığını söyledi. Biçimden uzaklaşan bir kısım şairlerin tamamen slogancı bir öze saplandığını, bundan da hâlâ kurtulamadığını belirtti.

Kısacası, gerçek Türk şiirinin 1950'den sonra patladığını, ancak kimi ellerde yanlış yollara saptırıldığını vurgulayan Attilâ İlhan, bir şiirin gerek beşeri gerekse toplumcu yanlarının olması gerektiğine dikkati çekti. Öte yandan bunun da yeterli olmadığını, şairin imgeleme yeteneğine sahip olmasının şart olduğunu söyledi.

Politika, **24 Şubat 1976**

8
"siyasal baskının ceremesini her dönemde sosyalistler çekti"

SORU: Birinci Dünya Savaşı, Cumhuriyet dönemi, 27 Mayıs devrimi derken bir geniş yaşam kesitini gündeme getiren Miralay Ferit Bey *Sırtlan Payı*'nda öldü... Böyle sıcak bir insanı, yeni romanlarınızda yeni koşullar altında sürdürecek misiniz?

CEVAP: 'Aynanın İçindekiler' başlığı altında yazdığım romanlar, beş tane olacak, ilk ikisi *Bıçağın Ucu* ve *Sırtlan Payı* çıktı; üçüncüsü *Yaraya Tuz Basmak* çıkmakta çok gecikmez sanırım; sonraki ikisi, *Havada Yüzen Köprü* ve *Kuduzun Salyası* biraz daha uzayacaktır. Sözünü ettiğiniz Miralay Ferit Bey, baş kişi olarak *Sırtlan Payı*'nda görünüyordu. Ama 'Aynanın İçindekiler'in roman mimarisi özgül nitelikler taşır; biliyorsunuz, her kitap belirli bir kişinin açısından aşağı yukarı belirli dönemlerin yansıtılmasıdır, bu dönemlerde yaşayanlar da elbet tekrar tekrar fakat ayrı açılardan görünebilirler. Miralay Ferit, sözgelişi, *Bıçağın Ucu*'nda da görünmüştür, ama yeğeni Suat'ın açısından. *Kuduzun Salyası* Miralay'ın kız kardeşi Hayrun'un çevresinde döneceğinden, elbette orada görünmesi olasıdır. Bu kere de, elbet, kız kardeşinin açısından.

SORU: Yazarken, en çok hangi dönemde kendinizi siyasal bir baskı altında duydunuz?

CEVAP: Türkiye'de siyasal baskı, özellikle solun üstüne, iki dönemde çok fena bastırmıştır: İnönü diktası dönemi, bir. Menderes diktası dönemi, iki. Bunlardan ilki savaş yıllarına, ikincisi soğuk savaş yıllarına denk geliyordu. Her ikisinin de ceremesini ülkemizde sosyalistler çekmişlerdir. O iki dönemle sonraki dönemler arasında pek fark yoktur; düşünün ki o zaman da sosyalistler sosyalizm hakkında bilgi edinebilmek için sosyalizmi yeren kitaplara başvurmak zorunda kalıyorlardı.

SORU: Nâzım Hikmet'in 75. ölüm yıldönümünün Türkiye'de anılması, bir dönemeç, ozanın yurduna dönüşü gibi sayılabilir mi?

CEVAP: Nâzım Hikmet'in 75. yıldönümünün kutlanması, bu büyük kavga ozanının nihayet yurdunda da kalabalıklara katılması anlamına gelir elbet. Yalnız Nâzım Hikmet'in belirli bir Ortodoks sosyalist çizgide tanıtılmak ve benimsetilmek istendiğini görüyorum ki, bunun yanlış olduğu kanısındayım, kanımı Dünya'daki köşemde çıkacak bir dizi yazıyla kamuoyuna açıkladım; orada görüleceği gibi Nâzım Hikmet bürokrasi diktası türündeki sosyalizmleri ciddi eleştirilerle hırpalamış bir ozandı, tam bir eleştiri yandaşı ve gerçek bir özgürlükçüydü, bu yanı bana biraz es geçiliyor gibi geldi de!

SORU: Solu kendi kişisel açılarınızdan eleştirmiş bir yazarsınız. Türkiye solunu bugün nasıl görüyorsunuz?

CEVAP: Türk solunun (sosyalist solu kastediyorum) başlıca sorunu sanayileşmenin gerçekleşmesi, demokratikleşmenin gerçekleşmesidir. İlki proletaryanın yoğunluğunu artıracağı ve bilincini belirginleştireceği için zorunludur. İkinci siyasal bilinçle proletarya arasındaki ilişkiyi kurup sağlamlaştıracağı için zorunludur. Sosyalist hareket daha çok aydın takımı arasında işlediği için şimdilik büyük bir bölük pörçüklük gösteriyor; dediğim koşullar doğarsa, demokratikleşme ve sanayileşme gerçekleşirse, sosyalist solun etkisi de, bütünlüğü de kendisini duyuracaktır.

SORU: Şiirlerinizde yerli bir duyarlığı, alaturka bir sesi kullanıyorsunuz; son zamanlarda, kimi eleştiriciler bunu bir tekdüzelik saydılar. Şiirlerinizi savunurken bu konuda bize bir şeyler söyler misiniz?

CEVAP: Şiirlerim üzerinde söylenenlere kulak astığım pek görülmemiştir. Çok sesli bir şiir düzeni içindeyim. Geleneksel Türk şiirinden olduğu kadar halk şiirinden de, Batı şiirinden de, hatta Doğu ve Batı müziğinden de yararlanmış, kendime göre sesler, ritmler kurmuşumdur. Okur bunları benimsemiş görünüyor. Birkaç aklı başında kişi bir yana bırakılırsa, ülkemizde doğru dürüst edebiyat eleştirmeni olmadığını daha önce söylemiştim. Geçenlerde bunların birisi de romanlarımın Türkçesiyle uğraşıyordu; adam daha gazete okurluğundan roman okurluğuna yükselememiş, gazete okuru kafasıyla roman eleştiriyor, böylesine ne denir? Siz okurun değerlendirmesine bakın, zira okur halktır!

Yedigün, 2 Şubat 1977

⇔